【増補】子どもを伸ばす共育コーチング

柘植書房新社

推薦の言葉

国立教育政策研究所　研究企画開発部総括研究官
千々布《ちちぶ》　敏弥

――答は相手の中にある。相手の無限の可能性を信じる――

この理念は、教育界で常識とされながら、多くの現場で忘れられがちになっているものである。少なからぬ教師たちが忘れていた大事な理念を、ビジネスの世界でブームとなりつつあるコーチングが教えてくれるのはなんたる皮肉であろうか。

新進気鋭のコーチである石川尚子氏は、あるきっかけにより、高校に入り込んだ。そこで、生徒たちが可能性の芽を摘まれている現状に直面し、彼らと真正面から取り組んだ。

この書では、石川氏のコーチングにより彼らの成長の芽がふたたび膨らんでいく様子が描写されている。行間に石川氏の教育への熱い思いがただよっている。

コーチングの概念が明確になり、コーチ養成プログラムが確立したのは一九八〇年代のアメリカであり、日本で広まりだしたのは、一九九〇年代のことである。今や、ビジネスの世界でコーチングは欠かすことのできないヒューマンスキルの一つと認識されている。

私は、コーチングの理念は、ビジネスよりも教育の世界になじみやすいはずだと以前から感じていた。ところが残念なことに、教育におけるコーチングの書は、ビジネスにおけるコーチング書の氾濫状況に比べてあまりにも少ない。保護者に向けた子ども相手のコーチング書が数冊（小山英樹『子どもを伸ばす5つの法則――やる気と能力を引き出すパパ・ママコーチング』〔PHP研究所、二〇〇四〕など）出版されているほか、教師向けの書は、河北隆子『教師力アップのためのコーチング入門』（明治図書、二〇〇四）、本間正人『「最高の能力」を引き出すコーチングの教科書』（自由国民社、二〇〇六）に限られている。このたび石川氏の書が刊行され、教育分野におけるコーチング書籍が一歩充実することとなった。

この書は、石川氏が高校生にコーチングを通して交流する中で、彼らの中に潜んでいた無限の可能性が花開く場面を具体的に紹介している。これまで刊行された書が事実に基づきながらもフィクションの会話を紹介しているのに対し、この書の会話事例はノンフィクションであることが最大の強みであろう。

この書から、読者は何を読み取るであろうか。コーチングの威力か、石川氏の情熱か、高校の進路指導の在り方か。いずれにしても、さわやかで力強い読後感を与えてくれることを保証しよう。

監修者の言葉

岸　英光

以前、ＮＰＯ日本ファシリテーション協会代表の堀公俊さんと話していて、ファシリテーター（会議や集団活動を促進する役割の人）の世界で「天然」と「養殖」の違いが大きな問題になっているとお聞きしました。もちろん「天然」か「養殖」といっても、うなぎやはまちのことではありません。つまり、テクニックや理論を教える講座や養成機関などで一応のことは学んで資格などを持っているけれども、本当のセンスやあり方が身についていない人（「養殖」）と、それらがなくても、人との関わり方をしっかりと実際の人間関係の体験の中から学んで身につけたり、もともとそのセンスや勘のある人（「天然」）の違いです。

本来は会議や集団活動を促進するはずのファシリテーターがかえって空転を招いたり、人を前進させるはずのコーチが結果を出さなかったりして、不信を招く事態が起きているようです。残念ながら人に関するスキルが認知されてくると必ず起きてくることのようです。教育の現場でも同じことが起きていることは確かです。

著者の石川尚子さんは私の愛弟子であり尊敬する素晴らしいパートナーでもあります。

彼女は今、ビジネスの分野だけでなく教育の現場にコーチングを広げていこうとして、実際の体験の中から学んでいる、そのプロセスごとこの本の中で伝えています。ですから、読者の皆さんは、結論としての話し方や質問のテクニックだけではなく、また、単に理解のための実話としてではなく、子どもの本質を感じる観点や、子どもたちに相対する立ち位置や、関わるときのあり方を是非感じ取りながら読み進めていただきたいのです。それにより、この本は書かれていることをはるかに越える前進をあなたとお子様に創り出すはずです。

はじめに

「石川さん、高校生のカウンセリング、やってみませんか」

「は？　私は、ビジネスコーチですけど。高校生？……ですか？」

「ええ。カウンセリングと言いましても、就職の相談なんです。コーチングで全くＯＫですから」

「はぁ……」


ひょんなご縁から「学校」に仕事に行くことになりました。


「あのう、高校生とカウンセリング、ってどんな感じ〟なんですかね〜？　……五十分間、一対一で話を聴くんですよね。なんていうか、いつも社会人相手に仕事してるもんで、今日は、〝借りてきた猫〟の心境なんですよね……」

カウンセラーとして初めて出かける学校への道中、先輩カウンセラーにぐずぐず言っていた私でした。


ところが、帰り道。

「石川さん、どうでした？　初仕事！」

「いや〜、もう、ホント！　楽しかったです。やりがい感じました〜！　これは、スゴイ仕事ですよね！　最初はね、ぜんぜんしゃべらなかった子がね、どんどんどん話してくれるんですよ！　それがまた、みんなすごくいいものを持っていて！　どの子もどんどん前向きになっていくんですよね。感動しますね。あんなにすばらしいものを持っているのに、ふだん引き出されていないなんて。もったいない！」

朝とは別人のように鼻息荒く語る私を、先輩カウンセラーはあきれてご覧になっていました。

この日から、私は、この「就職カウンセリング」の仕事が大好きになりました。そして、コーチング研修の中でもこんなふうに語るようになりました。

「〝コーチング〟は、コミュニケーションによって、相手の自発的な行動を引き出し、相手の目標達成を支援するものです。ですから、ある程度、自分の目標がはっきりしている、自己を確立できている社会人にしか機能しないのではないかと私も思っていました。でも、違います！　今、高校生に対してコーチングを行っているのですが、子どもたちにも十分機能すると実感しています」

今、学校教育や若い世代に対する危機感が叫ばれています。「フリーター」、「ニート」と言われる若者たちの増加が報じられ、小・中学校でも、学力低下、不登校、いじめ、学級崩壊、さらには凶悪犯罪等々、教育現場における課題は山積みです。でも、どうして？　みんな、真正面から向かい合ってみると、こんなにすばらしい資源をたくさん持っている子どもたちばかりなのに。たしかに私が接してきた子どもたちは、そんな世の中の一握りに過ぎないでしょう。でも、これらの資源が、もっと多くの子どもたちからもっと効果的に引き出されたのなら？　子どもたちが持っている無限の可能性を最大限に引き出せたのなら？　世の中は確実に変わる！　と思えました。日本にはまだまだ眠っている資源がたくさんあるのです。もったいないことです。

専門家ではない私が、学校の中を垣間見た時に、子どもたちがいかに自分自身の能力を発揮できないまま社会に出て行っているのかを痛感しました。そして、「コーチング」を通して関わること、「コーチング」の考え方を伝えることによって、子どもたちが自分自身の能力、可能性に自らどんどん気付いて、変容していく過程も見せてもらえました。それは、私にとって大きな感動の連続でした。そのことをどうしても、子どもたちの教育に携わる多くの方がたにお伝えしたい衝動にかられました。私自身が「コーチング」を通して子どもたちと関わってきたこと、現場の先生がたからうかがってきたこと、これらの事例を集め、広くご紹介したいと思ったのです。

増補　子どもを伸ばす共育コーチング
——子どもの本音と行動を引き出すコミュニケーション術◆目次

第1章『認められていない子どもたち』との新鮮な出会い

1 「長所？……え、わかんない」
～就職カウンセリング：相談項目の第一位～

「じゃあ、まず、自分の長所をできるだけたくさん書き出してみましょう」

「え～、そんなのなんもな～い！」

「何でもいいんだよ。どんな小さなことでも」

「マジ、わかんね」

初めて、高校生相手に就職セミナーを担当した時は、カルチャーショックの連続でした。ずっと社会人を対象に研修活動をしてきた私にとっては、高校生のリアクションはかなり新鮮でした。「のれんに腕押し」と言ったらいいのでしょうか。「糠に釘」と言ったらいいのでしょうか。

「ないならないで、この機会に考えてよ！」

心の中でイラつく私に、生徒たちは、とにかく「な～い！」の一点張り。

長所を書き出してもらわないと、その先の『面接試験での自己PRを考えよう』の単元に進めないのです。こちらもあせります。

「何でもいいんだよ。例えば……、いつも元気とか、早起き得意とか、友だち多いとか……」

例を挙げていくと、思いついたように書き出す生徒もいるのですが、いつまでたっても、真っ白なワークブックを見つめたままの生徒がいます。

業を煮やして、近づきます。

「何かないの？　周りの人から普段どんな人だって言われる？」

「……別に。……なんも言われない」

「負けず嫌いとか、最後までやり遂げるとか、そんなのは？」

「……さぁ。……そんなことない」

「何かがんばったことはないの？　部活動は？」

「……陸上部」

「そう！　陸上、がんばったんだ！」

「いや。……別に」

こんな調子です。

就職カウンセリングの相談シートに高校三年生が書いてくる相談内容で、一番多い回答は何だと思いますか？　この仕事をするようになって初めて私も知りました。

〝自分の長所がわからない〟

この項目にマルをつけてくる子が圧倒的に多いのです。もちろん、「行きたい会社がわからない」と言ってくる生徒もけっこういます。が、ほとんどの生徒が、自分の長所を探し出すことは、雲をつかむような話と思っているようです。「じゃぁ、短所は?」と訊くと、だいたい一つか二つはみんな答えます。あながち、自己分析をしていないわけではないようです。

なぜ? 初対面の私とこんなに感じよく話せるあなたが、どうして、自分の長所の一つも言えないの? いっぱいあるじゃないか! 私は幾度も、いらだちを通り越して、せつない気持ちになりました。

自分で自分自身のことはたしかにわかりにくいものです。でも、誰かから、「あなたはこういうところがあるよね」と言われてきた経験の一つや二つはあるのではないかと思うのです。何か一つぐらいは自分の中で認識できているものがあっていいはずです。それなのに……。

「ああ、世の中の高校生って、ふだん本当に認められていないんだ」

これが、高校生と接してみて最初に感じた私の率直な感想でした。

2 「得意なこと？……そんなの何もない」
～いつも人と比べて生きている子どもたち～

「みんな、宿題やってみましたか？　どう？『自分の得意なこと』たくさん見つけられましたか？」

つい、最近、『コーチング』を知った中学二年生の担任、S先生は、ホームルームの時間に、生徒に問いかけてみました。〝できない〟ところに焦点をあてるのではなく、〝強み〟に焦点をあてる。自分の強みを認識させ、伸ばすことによって、その子のマイナス面もしだいに改善されていく。そうか！

S先生は、自分の指導方針が決してまちがっていなかったことに意を強くしました。

「でも、あらためて、生徒たちに自分自身の〝強み〟について考えてもらったことはなかったな」

そこで、今回の宿題を思いつきました。

「宿題、できませんでした～」「何もありませ～ん」

「え、なんで？」

「だって、ないんだもん。得意なこと」

「え、なんかあるでしょ？」

「別に、勉強もそんなできないし、体育もむちゃくちゃできるわけじゃないし」

「むちゃくちゃできなくてもいいんだけど、自分なりに得意というものはあるんじゃないの？」

「ダメ。足も、○○さんが一番早いし、バスケは、○○さんの方が部活やってるから上手だし、ゲームも○○君がめちゃプロだし、……別に得意なことじゃありません」

「いいんだよ。人と比べなくても……。自分の中で、これは他のことよりもうまくできるってことは？」

「わかりません！」

S先生は、生徒たちの反応に愕然としたと言います。ある生徒は、まるで他人事のような顔をして、「そんなの何もないです」と断言します。ある生徒は、非常に困った顔をして「ないとダメですか？」とささやきます。ある生徒は、遠慮がちに「こんなのでもいいですか？」と訊いてきます。ある生徒は、「別になくてもいいじゃん」と開き直る始末です。「これが私の得意なこと！」と堂々と言える子がこんなにも少ないなんて……。

S先生は、どんなに「自分をよくわかっているはず」と思える生徒でも、自分のことを、〝相対評価〟でしか見られなくなっている、ということを知りました。他の人と比べて、ちょっとでも劣っていると思うと、それはもう自分の中で〝強み〟とは思えないのです。

一人ひとりを見た時に、たしかに各々にいいものを持っています。クラス一番ではないかもしれないけれど、その子なりに結果も出しています。成長の跡も見られます。それはS先生も認めているつもりです。そこを、なぜ、生徒たちは自信を持って認識していないのか。S先生は思ったそうです。

「教師自身が、相対評価でしか子どもたちを評価してこなかったんだ」と。

3 「いやぁ……わかんないっす」
～〝わからない〟と言っておけば安心～

「はじめまして。A君ですか？　カウンセラーの石川です。よろしくお願いしますね」

「……あ、はい」

「今日は五十分間、これからの就職活動について、一緒に考えていきましょう。何か困っていることやわからないことがあったら、この機会に何でも訊いてくださいね」

「……はい」

「どんなことでもいいので、遠慮せずに何でも話してね」

「……はぁ」

「A君、どう？　就職活動で何か困っていること、ない？」

「……さぁ。……別に……」

「就職活動は？　何かやってる？」

「……あんまり、……」

「どこか行きたい会社って、ある？」

「いやぁ……、わかんないっす」

「何かやってみたい仕事は？」

「さぁ……。わかんないっす」

「じゃぁ、今日はどんなこと相談してみたいと思って来たの？」

「別にぃ……。わかんないっす」

　高校三年生との初めての就職カウンセリングは、こんな会話からのスタートでした。よく考えてみたら、各学校にお邪魔して就職カウンセリングを実施するお部屋は、『生活指導室』などという名前が付いている個室が使われることが多く、日頃は、先生から呼び出されて生活態度についての厳重注意を受ける場所、時には「退学」を言い渡される場所であったりするわけです。初対面の大人と一対一で会話をしなければならない高校生はただでさえ警戒モードです。あれやこれやと話しかけ、圧倒的に私がしゃべっている量の方が多いのです。このような場面に慣れていない生徒にいきなり質問をして返ってくる言葉は、おおよそ次の三つです。

「さぁ……」

「別にぃ……」

「わからない……」

　これに、

「微妙……」

「普通……」

と、何がいったいどうなのか、わけのわからない言葉が加わる時もあります。最初はこの反応に非常に骨が折れました。

「考える前から『わかんない』って言うんじゃないよ！」

何度となくキレそうにもなりました。

「○○君は、どう思った？　感想を聞かせて」

私は、セミナー中も、そばに寄っていって、生徒自身の意見や考えを訊くことがよくあります。

「え?!　……ええ〜？……」

「何でもいいんだよ。何が大事だと思ったのか、○○君の思ったことを教えて」

「あー、……、えっと、……」

「今、正しいこと言わなくちゃって思ってない？　正解はないんだから、○○君が思ったことを何でも言っていいんだよ」

「……」

生徒たちは、「自分の意見」を言うことに極端に臆病になっているように見えました。「自分の考え」にまるで自信が持てない様子です。

そう言えば、こんなことを言っていた生徒もいました。

「先生は、『どうしたい？』って訊くくせに、自分が何か言うと、『そんなことよりも、こっちのほうが大事だろ！』って、すぐ否定して先生の意見を言われてしまう。じゃ、最初から訊くなって感じ」

自分の考えを述べると、いつも、

「だけどね、……」

「いや、そうじゃなくて、……」

「だめだよ。そんなんじゃ。それよりも、……」

などの逆接の接続詞や否定する言葉が返ってくるとしたら？　自分が話したことに対して、「そうか、そう思ってるんだ」とは、なかなか受けとめてもらえないとしたら？

「それだったら、言わない方がまし」

とりあえず、「わからない」と言っておけば説教されない。「わからない」と言っておけば安全。「わからない」という言葉を使って、その場をなんとか切り抜けようとします。「わからない」という言葉は生徒たちにとって、実はとても便利な言葉なのです。

4「どうせ、あきらめられてるし……」
～「ムリ」、「ダメ」と洗脳され続ける環境～

就職相談のカウンセラーとして、高校にうかがいますと、まず進路指導室に通され、進路指導の先生とご挨拶をします。名刺交換をした後、今日の段取りについて確認します。そのうち、先生が学校や生徒の状況について、あれこれ説明してくださいます。すべての先生がそうだとは言いませんが、だいたいこんな感じです。

「すみませんね～、今日はわざわざ来ていただいたのですが、うちの生徒は、本当、ダメな子多いですから、申しわけないなあと思いまして。なんていうか、意識が低いんですよね。おまけにコミュニケーション能力が低いもんですから、面接受けに行ってもすぐ落ちて帰ってくるんですよ。今日も本当にうまく話せるんだか……。すみませんね、こんなダメな生徒ばっかりで。ご苦労かけます」

「そうですか、どんな生徒さんたちか楽しみです」

日本には〝謙譲の美徳〟という美しい言葉があります。ですから、先生たちの言い方をすべて否定するつもりはありません。でも、ちょっと待ってください。「ダメだ、ダメだ」と言うからダメになるんじゃないんですか？　ダメな生徒に洗脳しているのは、先生たちじゃないんですか？

「今までどこか受けてみたいと思った会社はなかったの？」

十月になってもまだ何も就職活動をしていないという生徒に、私は質問をしました。

「うーん。……あったんだけど……。親に相談したら、パソコンの資格持ってないから、お前にはムリだって言われた」

「そう。……先生は？　先生には相談してみた？」

「うーん。……したけど……。倍率が高いから、受けても受からないって言われた」

ちょっと待ってください！　ここで、また、私の中には怒りにも似た疑問が沸き起こってきます。なぜ？　なぜですか？　受けたいって言ってるんだから、まず一回受けさせてやってはどうですか。ダメならダメでいいじゃないですか。受けて落ちれば、ショックもあるけれど、本人だって納得するし、そこから学ぶものは必ずあります。最初から「ダメだ」、「ムリだ」と本人の能力の限界を示したら、何も学ばないどころか、チャレンジできない人間を作ってしまいます。

先生は先生なりの、親御さんは親御さんなりのお考えがあって、そうおっしゃったのだとは思います。何か、私の測り知れない深い事情もあるのだとは思います。毎日毎日、顔を突き合わせている先生や親御さんたちと比べれば、ほんの五十分間、話を聴いただけの私には到底つかみきれない背景もあるのだとは思います。でも、それでも、「ダメだ」、「ムリだ」という言葉が、確実に相手をダメ人間として洗脳している、私にはそう思えてならないのです。だって、目の前にいる生徒は誰しも、本当は真剣に考えていて、すばらしい個性を持っているのだから。


「先生には相談してる？」

「ぜんぜん」

「先生から、こういう会社、受けてみない？　って言われたりしない？」

「……ぜんぜん。私には話しかけない。就職できないって思ってるみたい」

「そんなことないよ」

「でも、……なんも言わない。どうせ、あきらめられてるし……」

　カウンセリング終了後、私は、先生の胸ぐらをつかむ代わりに、こうお伝えして帰ってきました。

「すばらしい生徒さんたちでした。ご自身の考えもちゃんとお持ちでした。ぜひ、その考えを聴いてあげてください。先生から声をかけてあげてください。生徒たちは待っています」

5「本当はやりたいと思っていることあるんですよね」
～でも自分から言い出せない心理～

「そっか、どんな仕事に就いたらいいのかわかんないんだね」

「はい……」

「自分の長所も、『わからない』ですか」

「はい……」

「また、わかんない尽くしの子か……」。生徒が書いてきた相談シートを見ながら、相談項目を確認します。初対面で接する時は、この相談シートが生徒の主訴を知るためのまず唯一の資料となります。最初の頃、この相談シートに書かれていることはけっこう大事と思っていました。しかし、カウンセラーの経験を重ねていくと、だんだんわかってきました。「どうやら、シートに書いてあることはすべてが本心ではないらしい」

「……とかって、いろいろ思うんですけど。……本当はやりたいって思ってること、あるんですよね」

「え?! そうなの? 何やりたいの?」

「雑貨屋さん！」

「ほう、雑貨屋さん！　どんな雑貨屋さん？」

「自分の気に入った小物とか食器とかを売るお店をやりたいなあって、ちょっと思って」

「へぇ〜。なんだ〜、何がやりたいかわからないって書いてたけど、やりたいこと、あるんだ」

「でも、それは就職とは関係ないことだから。親から、もっと現実的なこと考えろって言われたんで、それはムリかなあって思って」

話をじっくり聴いていくと、心の中ではあれこれと自分の将来について考えている生徒は意外と多いものです。でも、それを言ってもいいものか迷っている。言ってはいけないものと思っている。それで、相談シートには「とりあえず」という気持ちで、「わからない」にマルをつけてくるのです。

「ちょっと訊いていい？　雑貨屋さん、本当にやりたい？」

「できたら、やりたいです」

「じゃあ、やったらいいよ。やりたいこと」

「え？　でも、現実的じゃないって。ちゃんと会社に就職しろって親は言うんです」

「〇〇さんは、今すぐやりたいの？　やれるんだったら、もうちょっと先でもいい？」

「先でもいいです」

「今、十八歳だよね。例えば、三十歳ぐらいでもいい？」

「ぜんぜん、いいです。もっと年とってからでもいい」

「そう。じゃあ、やったらいいよ。本当にやりたかったらやれるよ」

「え？……」

「将来、雑貨屋さんになるために、会社探そうよ。例えば、高校卒業して、接客販売の仕事に就いたとしたら、雑貨屋さんになるためのいろんなこと学べるよ。どうやって商品を仕入れて、どうやってお店に並べて、どうやってお金の計算して、どうやってお客さんと接するか、雑貨屋さんになった時に必要なノウハウをお給料もらいながら全部勉強したらいいよ。仕事しながら、お金も貯めといたらいいよ。そういう会社にまず就職するっていうのはどう？」

「いいです。いい！　それならやってみたい！」

「夢」を語ると、「もっと現実的なことを考えなさい」と言う大人が実に多いようです。そうすると、本当は「夢」があるのに、それは言ってはいけないもの、言っても仕方がないものと子どもたちはとらえてしまうのです。だから、「わからない」と言ってごまかします。

「あなたにはこんないいところがある」、「やったらやれるよ」。そんなふうに言われることは少なく、「それはムリ」、「お前にはできない」と言われる。そんな環境で、たしかに「夢」を語ることは子どもたちにとってはただむなしいことなのかもしれません。

6 「?!……（今度は何？）」
～先生に声をかけられる時＝叱られる時～

「おはようございます！」

就職セミナーの会場の受付で、私は一人ひとりに声をかけます。「おはようございま～す！」と元気よく挨拶を返してくれる高校生もいます。が、目を合わせないで、そそくさと受付をすり抜けようとする生徒はけっこういます。

「あ、ちょっと待って！」

「え?!」

ものすごく緊張した顔をして、私の顔を見ますが、すぐに目をそらします。

「ここで、学校名とお名前を教えてもらえませんか？」と言うと、「な～んだ」と、少しほっとした表情になって、「○○高校、○○……」と、ぼそっと答えてくれます。

私のような外部講師がこの生徒たちと関わるのはほんの限られた一日です。この一日の間でいかに信頼関係を築くかが、セミナーの成果を左右します。セミナーが始まる前や休憩時間には、私はなるべく生徒との距離を近づけるために声をかけるようにしています。

楽しそうに一つの携帯電話をのぞき込んでいる女の子たちのグループがいます。声をかけようと近づいたとたんに、そのうちの一人が私の存在に気づきます。

「あ、やばっ！」

携帯電話を閉じられてしまいます。かなり警戒しているという雰囲気です。

「何、見てるの？」

「いや、別に」

テキストに一生懸命、自分の名前を書き込んでいる生徒がいます。枠いっぱいになかなかしっかりしたいい字を書いています。思わず、「○○君、上手だね～」と声をかけようとした瞬間、私の気配を感じた彼は、私が「○○君、」まで言ったところで、硬直した顔をあげました。

「あ、……書いたらまずかったですか」などと確認します。

「いやいや、いいのいいの。上手だなぁと思って見てたんだよ」

「はぁ……」

急に気が抜けたような反応をします。

「○○さん！」。私が、ネームプレートの名前を確認しながら、声をかけると、最初は、多くの生徒が、一瞬、顔に緊張の色を走らせます。「びくっ！」という音が聞こえてきそうです。あからさまに反抗的な態度をとる子もいます。斜め下から面倒くさそうに目だけあげます。「今度は何？」と言っているように見えます。

「声をかけるとびびる」、「声をかけると面倒がる」というのが、最初に高校生とコミュニケーションをとった時に抱いた印象でした。「先生」という存在が自分に向かって口を開く時、それは、何か自分に対して小言を言われる時、そんな条件反射がこの子たちの中にすでにできあがっているように見えました。

複数の学校が集まるセミナーには、進路指導の先生が会場まで引率していらっしゃることがよくあります。この先生と生徒たちとのコミュニケーションもなかなか新鮮でした。他校にはそうでない先生と生徒もいらっしゃると思います。が、私が接した先生の生徒とのコミュニケーションの多くはほぼこんな感じでした。

「はい、早く入りなさい。受付で学校名と名前を言いなさい。はい、テキストもらって、裏に名前書きなさい。ネームプレートは胸につけて。ほら、早く。早くすわりなさい。あ、ちょっと待って。すわる前に荷物は後ろの机に置いてきて」

名前を言ったと思ったら、次はこっち。すわれと言われたそばから、止められる。もう、いったい何からどうすりゃいいの？　すべてが命令形、ほぼ一方通行のコミュニケーションです。

じっくり観察していますと、完璧なまでに「こちらの言いたいこと」に終始なさっています。「ほ

ら ほら、身だしなみ、きちんとしなさいよ」、「それ、鉛筆じゃだめだろ。このペンで書くんだよ」。口を開けば命令形、もしくは「それではだめ。こうすべき」という言葉。いつもいつもこうなら、「あ、また注意される」という感覚が生徒たちの中に刷り込まれてしまうのは当然かもしれません。何も悪いことはしていないのに、パトカーを見るとちょっとドキドキする、あの感覚です。

第2章『枠を作っている子どもたち』との前進しない対話

1 「だっせ〜、やりたくね〜」
〜〝まじめにやるのはダサい〟という枠〜

「これから、面接の練習をしますので、まず、身だしなみを整えましょう。はい、テキスト十二ページを開けて！　ここに書いてあるチェック項目をお互いに確認し合っていきましょう」

最初、骨が折れたのは男子生徒のズボンをきちんと腰の位置まで上げさせることでした。どういうわけか、お尻のあたりまでズボンを下げて、ゆるゆるの状態ではくのがはやっているようです。制服のネクタイもわざとゆるめてだらしなくしています。私には、あまりかっこいいとは思えないのですが、彼らにとっては、きちんとしている方が、どうやら「ダサい」ようなのです。試しに女子生徒にも訊いてみました。

「ねぇ、男子がズボンをずり下げてはいてるのってどう思う？　ちゃんと上げてる方がかっこいいと思わない？　下げてる方がかっこいいのかな？」
「うーん、上げてるとダサい、かな」
「はぁ〜、そういうもんかねぇ」

それでも、セミナー中に、「はい、身だしなみ、整えましょう」と言うと、その場ではシブシブ、ズボンを上げてシャツも中に入れます。

「そう、そう。それで面接には行ってくださいね。社会人の皆さんは、そういうゆるみのないきちんとした身だしなみの方が好きなんですよ」

このあたりは、ティーチングでビシッと伝えます。これで、身だしなみも整いました。やればできるじゃない！

ほっとしたのもつかの間、休憩時間になると、待ってましたと言わんばかりに、また、ズボンをずり下げて、たちまち着崩してしまいます。

「やる時はやる。それでいいでしょ」というのが彼らの姿勢でした。


「はい。おじぎの練習をします。まず、基本の立ち姿勢を作ってくださいね！」

努めて明るく呼びかけますが、生徒の多くは、

「何、やらせんの？」と、冷めた雰囲気です。

「はい。基本の立ち姿勢、どうでしたっけ？」

などと声をかけながら、皆を動かそうとするのですが、ダラダラ、ソワソワ、クネクネ。全くまじめにやろうという気配がうかがえません。

「はい。じゃ、皆、やってみましょう。面接室に入る時のおじぎからいきます。角度は、十五度ぐらいね。『失礼いたします』と挨拶してからおじぎ、ね。はい、いきます。『失礼いたします！』。はい、どうぞ！」

「……しっつれーしゃ〜す」

おいおい、そんな態度で、面接試験に臨むのかい？

なんだかむなしくなってきます。こんな状態でだいじょうぶかな、本当に……。

「じゃぁ、窓側に座っている人から先に、応募者役をやります。廊下側に座っている人は面接官役ね。じゃ、応募者役の人、どうぞ。向かいの人に、自己ＰＲを聴いてもらってください」

面接練習のペアワークを始めましたが、また、ダラダラ、ソワソワ、モジモジしています。うまくいかないのか、途中で、笑ってやめてしまいます。自分のペアではなくて、隣の友だちにちょっかいを出しています。これでは全く練習になりません。こんなに話せなくて、本当に模擬面接、だいじょうぶかな。私の不安とあせりをよそに、生徒たちは「だっせぇ〜」、「やりたくね〜」と叫んでいます。どうも、生徒たちは、こういうところでまじめにやるのは、なんとなく恥ずかしい、ダサいと思っているようなのです。

2「何て言えば合格するんですか？」
～〝正しい答えは一つしかない〟という枠～

「じゃぁ、今日は一緒に『志望動機』について考えてみよう。まず、○○君は、どうして、この仕事をやってみたいと思ったの？　まず、それを教えて」

「……え、別に。……何でもいいかなって思って」

「そうなんだ。じゃ、この会社を受けてみようと思った決め手は何かあった？」

「……あの～、っていうか、何て言えば合格するんですか？」

あ、また！　すぐに、〝答えをください〟というモードに入ってしまいます。

「あの、面接室で、何回おじぎをすればいいんですか？」

「ここで座ったままおじぎをするんですか？　立ってからですか？　立つ前に何て言うんですか？」

誰もが、『正解』を欲しがります。社会に出たら、いやいや、そもそも、世の中、答えが一つしかないということはありません。唯一絶対、正しい答えは一つしかないという枠の中で、物事を考えてしまうと、それ以外は、全部正しくない、不正解になってしまいます。

自分のことをＰＲするのに、この言葉を使わなくてはダメというものはないはずです。自分のことを自分らしく、自分の言葉で感じよく言えたら、それでいいんです。たくさんの表現方法、答えがあっていいはずなのに。おじぎを何回したっていいじゃないですか。大事なことは、貴重な時間を割いて面接してくださる相手に感謝の気持ちを伝えることなんだから。

「なぜ、そうするのか」ということを脇に置いて、『正解』だけを知りたがる子どもたち。おそらく、これまでの教育の中で、常に、『正しい答えを一つだけ』与えられることに慣れてきた結果なのでしょう。

小学校低学年のテストで「コップ」のことを「グラス」と書いたら、〝間違い〟にされた児童がいたそうです。こういうことが小学校から延々と繰り返される中で、子どもは、「正解は一つしかない」という枠にどんどん入っていくのでしょう。

日本の教育は、3＋7＝□を答えさせる。

一方、イギリスの教育は、□＋□＝10を考えさせる。

こんな事例を使ったテレビコマーシャルがありましたね。3＋7だと答えはたしかに一つしかありません。でも、□＋□だと、答えは無限ですよね。

社会に出た時、自分の周りで起きてくる問題を解決する答えは決して一つではないはずです。数限りない方法があって、その中から私たちはベストな答えを一つ選ぶということができるのです。にも関わらず、学校で、長い間、慣れ親しんできているのは、たった一つしかない答えを暗記させられること。たくさんある答えを自分で考えて、どんどん編み出していくという訓練ではなく、いかに、一つしかない正解にたどり着けるかという訓練。だから、一回、二回やってみて、思った通りにいかなかったら、「もう、ダメだ。他に方法はない」。すぐにあきらめてしまいます。

答えは一つじゃない。正しいものが一つしかないわけじゃない。こんな方法もあるし、こんなやり方があってもいい。この方法でダメだったら、他の方法でやってみようよ。それがダメだったら、また他の方法を探そうよ。私たちは、たくさんある答えから、より状況に合ったベストな答えを選択するということができるのだから。

コーチングの授業を受けてくれた大学生がレポートに書いてくれました。

「石川さんが、コーチングの考え方の説明の中で『答えは一つじゃない』と言った時、思い出したことがありました。いろいろあって、高校を中退した時、もうこれで人生が終わったような気になりました。高校出てないんだから、ろくな就職もできない。大学にも行けない。もうダメだ。まっとうな人生は送れない。でも、母が、大学行きたかったら他にも道はあると言ってくれ、大検を薦めてくれました。勉強するのはたいへんだったけど、母に励まされて、なんとか大検を取りました。だから、今の大学にいます。もしかしたら、一度就職してから大学に行くという方法もあったのかもしれないと今では思います。やりたいことをやるための方法は一つじゃない。そのことを母は教えてくれました」

もし、〝答えはたくさんある〟という価値観の中で、子どもたちが生きていけたら、その可能性はもっともっと無限に広がっていくような気がしませんか。

3 「なぜ勉強しないといけないの?」
～〝答えは自分の外側にある〟という枠～

「なぜ、勉強しないといけないの?」

この問いを子どもから投げかけられて困った経験をされた方もいらっしゃるでしょう。

「そりゃ、あれだよ。勉強したら、いい学校に行けるからだよ。そうしたら、いい会社に入れるでしょ。そうしたら、幸せになれるじゃないか」

まさか、こんな回答で子どもが納得するとは、もはや思っていらっしゃらないでしょう。

「いい学校って何? いい会社って何? いい学校に入って、いい会社に入ったら本当に幸せなの?」

とつっこまれて終わりです。

この問いは、「何のために勉強をするのか」、その答えは自分の内側にあるのではなく、外側にあると子どもが思い込んでいるからこそ発せられる問いです。自分の中に、勉強する意味、価値を見出せていないのです。

この問いを、

「勉強したら何が可能になると思う?」

「勉強することは、あなたにとってどんな役に立つと思う?」

「勉強すると、何が楽しくなると思う?」

などに置き変えたらどうでしょう。子どもたちが自分で、勉強することの意味を探し始めると思いませんか。


生徒たちと接する中で、私は生徒たちから様々な質問を投げかけられてきました。

「どうしたら自分の長所はわかりますか?」

「どうしたら親を説得できますか?」

「どうしたら緊張しないで話せるようになれますか?」

「どうしたら自分の好きなことが見つかりますか?」

「どうしたら向いている仕事がわかりますか?」

「どうしたらやる気が出ますか?」

「どうしたら幸せな人生を送れますか?」

……

方法論を問う質問ばかりです。

「で、あなたはどうしたいと思っているの?」

「何があれば、そう思えるの？」

「今までどんな方法がいいと思えた？」

相手の質問に答える代わりに投げ返した私の質問には、

「……わかりません」


「自分の気持ちを答える」、「考える」、「探求する」ということに慣れていない子どもたちが多すぎます。学校では、「答え」は全部教えてもらえます。だから、「答え」は誰かに訊けばいいと思っています。日本の学校で、「答え」がたくさんあることや、「答え」がないことを探らせるということはあまりありません。学校で扱っていることは、「答え」があることばかりです。そして、訊けばちゃんと「答え」を教えてくれます。だから、ちょっと考えて、「答え」が見つからないとすぐにあきらめて、「わからない」に逃げてしまいます。そして、「答えをください」という姿勢をとります。自分が抱える課題の「答え」は、自分の内側にあるのではなくて、外側にあるものだと最初から思い込んでいます。まるで、「答え」がわからなかったら、計算ドリルの後ろに付いている解答をのぞきにいけばいいや、というように。

全国でコーチング講座を開催し、教育の分野へのコーチング普及にも積極的に取り組んでいらっしゃる岸英光コーチからうかがった話です。

図形の授業で、「この授業は将来、あなたの役に立つと思いますか?」という質問をすると、日本の子どもは八～九割、「役に立たない」と答えるそうです。一方、デンマークの子どもは八～九割が「役に立つと思う」と答えるそうです。

「私は、将来デザイナーになるのが夢なの。デザイナーになった時、パターン（型紙）を作るのに図形がわからなかったらできないじゃない。きっとこの図形の勉強は役に立つと思うわ」

この子にとって、学校の勉強はちゃんと自分の夢と連動しているのです。デンマークでは、「答え」が出ないこと、例えば、「自分は何者なのか?」などを探求する教育を小さい頃から取り入れているのだそうです。

「今、自分がやっていることが何につながっているのかわからないことをやることほど、苦痛なことはないでしょう」と岸コーチはおっしゃいます。私も全く同感です。自分が幸せに生きるための「答え」は、「自分の中にある」。子どもの頃から、自分の内側に「答え」を探しに行く習慣を持てたのなら? 子どもたちの自発性、問題解決力は格段に向上するでしょう。

4「やる気がないからできません」
～〝○○がないからできない〟という枠～

「どうして宿題やってこなかったの？」

小学校二年生の児童に、先生がそう質問したら、

「やる気がなかったのでできませんでした」

と答えたと言うのです。先生も、これには何と返していいのかわからなかったとおっしゃっていました。

私も似たような思いをすることがよくあります。

「就職活動は早い者勝ちなんだから、まずは動いてみることだよね」

「いや、まだ、面接に受かる自信がないからできません」

じゃぁ、いつになったら自信はつくんだ？？？　思わず、つっこみたくなります。

「そっか。自信がないんだね。自信がないと本当にできないの？」

「いや～、経験ないことだから、最初からはできないですよね」

何だって最初にやる時は経験ないことなの！　こちらがため息をつきたくなります。

自分が結果を出せないことを「自信」や「経験」や「やる気」のせいにする生徒たち。

なぜ、子どもたちはやる気や自信がないと動けない、と思っているのでしょうか？　どうですか？　皆さん、日常、やる気や自信がなくてもやっていて、できていることっていっぱいあると思いませんか？　今日はちょっと気分が乗らないと思っても、目の前に締め切り間近の仕事があればやりますよね。いつも自信満々じゃないけれど、人前に立って話もしますよね。やったことがなかったけれど、担任を任されたら教室に行きましたよね。

「自信がない。でもやる」これを「勇気」と言う。「経験がない。でもやる」これを「チャレンジ」と言う。と私は師匠から教わりました。今、勇気を持ってチャレンジする姿勢が子どもたちに足りないように感じます。「〇〇がないからできない」と決め込んでいる子どもたちを「〇〇がなくてもやれる」というところに立ってもらうには、やはりまず行動を起こして、自分自身で体感してもらうことです。「やってみたらやれた」という感覚をつかんでもらうことです。「できない」と思っている相手に「行動」を促す。まさに、コーチングの出番！　と私は悟りました。

5「でも、普通は難しいですよね。自分には絶対ムリ！」
～〝自分の可能性には限界がある〟という枠～

「資格を持っていなくても、応募してみたら？　その会社。行きたい気持ちがあるんでしょ。○○君だったら、受け答えがしっかりしているから、企業側にはかなり好印象だと思うよ」

「でも、まぁ、世の中なかなか厳しいですからね」

「例えば、今、どうしても希望する求人が来なければ、少しでも関連ある会社に就職しておいて、将来、転職のチャンスを待つという方法もあるよね」

「でも、普通は難しいですよね。しょせん、やりたいことでは生きていけないですよね」

「明後日でしょ、面接試験。それまでに履歴書を準備して、面接試験の練習する時間あるよ。今からでも間に合うよ。せっかく、行きたい仕事の求人が来てるんだから、二日間で準備してチャレンジしてみようよ」

「え？　そんなのムリムリ！　自分には絶対にできない」

就職活動中の生徒に限ったことではないかもしれませんが、生徒たちと話しているとすぐにこんな言葉を吐いて逃げようとします。

「世の中しょせんこんなもんだ」という枠。

「普通に考えたらこう」という枠。

「自分には絶対できない」という枠。枠。枠。

〝今どきの子どもたち〟は自分の周りにたくさんの枠を作って、枠だらけの中で生きているように見えました。いえ、きっと、私にもそんな枠はたくさんあるのだと思います。

で、「しょせん」っていったい何？　誰が決めたの？　「普通」って何をもって「普通」と言っているの？　世の中に「絶対」ということはあるのか？　なぜ、まだ若いのに自分に限界を作って生きているのか？

自分で自分のことを認める気持ちが持てないでいる子どもたち、
人と比べて自分の存在そのものに価値を感じられないでいる子どもたち、
そのために何に対しても自信がなく行動を起こせないでいる子どもたち、
ありもしない枠に小さく納まって無気力を装ったり、斜めからものを見たりしている子どもたち、
「答え」を外側に求めて自分で考え解決しようとしない子どもたち、

自分が結果を出せないことを自分以外の誰かのせいにしている子どもたち、可能性を秘めているのに一歩踏み出してチャレンジしようとしない子どもたち、そんな子どもたちに対して、どんなコミュニケーションが機能したのかをこれから事例を通してご紹介していこうと思います。

第3章　『無気力・無関心を装う子どもたち』が自発的になる〝存在承認〟のアプローチ

1 「髪の毛切ったんだね」
～毎日の肯定的な声かけから～

先日、ある高校に講演でうかがった時のことです。校長先生自ら、会場まで私を案内してくださいました。途中の廊下で、数人の生徒とすれ違いました。

生徒が持っているコンビニエンスストアの袋を覗き込みながら、校長先生が声をかけられました。

「お、何食べるんだ？　うまそうだな」

「あ、校長先生、こんにちは！　おいしそうでしょ。校長先生も食べますか？」

何の怯みもなくその生徒は嬉しそうに言葉を返しました。この光景はまた、私にとってとても新鮮に映りました。校長先生の前で全く萎縮しない生徒。そして、先生と生徒の気さくな会話。しかも、先生に対する敬意を感じさせる話し方。

「生徒さんたち、ものすごく気さくですね。明るいですね」

「ええ、そうでしょう。顔を見るたび、なんやかんやとこっちから声かけるんですよ。声をかける時は、楽しい言葉が大事ですね。すれ違うたびに厳しい言葉を聞かされたら、生徒は緊張して廊下も歩けませんからね。いやでしょう。先生の顔、見るたびにどきどきするのって。そんな環境じゃ、勉強できませんよ」

「なるほど～」

　これもある高校にうかがった時の話です。セミナーを終えて帰る時、ちょうど下校時と重なりました。多くの生徒がいっせいに校門を出て帰宅する中を私も駅に向かって歩いていました。自転車で駆け抜けていく生徒、友だちとしゃべりながら歩いている生徒。たしかに歩道は生徒たちでいっぱいで車道にはみ出して歩いている生徒もいました。生活指導の先生たちでしょうか。校門のところに立って、帰宅する生徒たちを見送っていらっしゃいました。

「こら！　広がって歩くな！　車、来てるぞ！」

「危ないから歩道歩け！」

　また、荒い声で命令形が飛んでいます。このような光景にも私はもう最近動じなくなっていました。

　またか……。しかし！　次の瞬間、私は耳を疑いました。

「こら、歩道に上がれ！　歩道歩け！　そこの女！」

　え?!　たしかに前方に車道を歩いている女子生徒がいました。私の耳まで鮮明に届いた声でしたから、彼女にも聞こえたと思います。

　そ、そこの女？　って?!　先生、それはないんじゃないですか？　生徒に向かって、いえ、一人の人格ある人間に向かってかける言葉でしょうか？　私はものすごく嫌な気分になりました。注意を受けた女子生徒は先生の声が聞こえているにもかかわらず、振り向きもせず、歩道に上がることもなく、まっすぐに颯爽と歩いて行きました。私が彼女だったら、同じことをしたと思います。自分を一人の人格ある人間として認めてくれない人の言うことなんて聞けない。これが正常な人間の心理だと思います。

毎日、生徒にどんな言葉をかけていらっしゃいますか。声をかける時は、いつもどんな時ですか。「先生に話しかけられてもだいじょうぶ」。まず、この環境を作らなければ、こちらからのどんな投げかけも素直に受けとめてもらえません。本音なんて引き出せません。別に何でもいいのです。命令形や注意以外の言葉を意識的に増やしてみませんか。

「今日も元気そうだね」
「あ、髪の毛切ったんだ。すっきりしたね」
「今日も部活か。いつもがんばってるな」

何でもいいのです。生徒たちとコミュニケーションをとりたかったら、『先生に声をかけられる時＝叱られる時』、まず、この等号をはずさせることです。そのためには、命令形の言葉、注意する言葉以上に、日頃から相手の言動に肯定的な関心を寄せる言葉をたくさん使っておかなくてはならないのです。

何かしたことに対して認めることを「結果の承認」と言います。例えば、「今回の期末テスト、よくがんばったな」、「今日は時間通りにできたね」などの言葉です。一方で、コーチは何も結果を出していなくても承認します。相手の存在を肯定的に認める「存在の承認」と言われるものです。「いつも、君がそこにいるのを私は知っているよ」、「いつも見ているよ」というメッセージです。例えば、名前を呼んで挨拶をするというのも「存在の承認」の一つです。そして、「髪の毛切ったんだね」、「今日も元気そうだな」などの日常の声かけです。しっかりと認められていない子どもたちにとっては、「結果の承認」ももちろん大切ですが、それ以前にまず、「存在の承認」、日常の声かけが不可欠なのです。

【子どもが自発的になる〝存在承認〟のアプローチ】

・「存在の承認」：注意や叱責以上に、ふだんから頻繁に声をかけよう
・よい結果を出していなくても、存在を肯定的に認めよう

2 「それって長所だよ！」

～スポットライトを当てる～

これまで多くの子どもたちと接してきて実感していること。いろいろあるのですが、大きく二つでしょうか。まず、「『この子はもうダメだ。救えない』という絶望的な子は誰一人としていない、みんな可能性に満ちている」という確信。そして、もう一つは、「それなのに、自分の価値に気づいていない子があまりに多すぎる」という失望。自分の存在に価値を見出せない子が、口にする言葉は、

「どうせ、できないし」

「だって、難しいし」

「でも、無理だし」

この自己否定感という重い砂袋を抱えたままでは、ジャンプできる能力があったとしても、身体が重くて飛び上がれないのです。これは、子どもたちに限ったことではないのかもしれません。今、自分で自分の限界を決めて、飛び上がれないようにしている人がたくさんいます。誰にそうされているのでもない。自分で勝手に自分の限界を作っているだけなのに、「できない理由」を他のせいにしてストレスを感じています。ほめられない、認められないという日常の中で、ただ、「自分に自信をもっ

てやりましょう」、「前向きに考えましょう」と言っても、それは難しいことなのかもしれません。人は、人から認められた、大切にされた、期待された、という体験があって初めて、自分のことを肯定できる気持ちがわいてくるのです。


「いいところ？　わかんない。ないかも」

「そうかぁ」

小学校四年生の男の子と会話をしていました。

「注意されることはいっぱいあるんだけど……」

「そう、いっぱいあるんだ。例えば？」

「う〜ん、すぐ、静かにしなさいって言われるし、ゲームばっかりやってるし、勉強もあんまりやらないし……」

「ふ〜ん。よく自分のことわかってるね」

「いつも先生やお母さんから言われてるから」

「そうなんだ。ねぇ、○○君って、友だち多いでしょ？」

「あ、う〜ん。……そうかなぁ」

「けっこう、友だちから〝話しやすい〟とか〝遊んでて楽しい〟とかって、言われない？」

「うん、友だちとはけっこう仲いいよ」

「うん、いいねえ！　初めて会った人ともわりとすぐに仲良くなれる方じゃない？」

「……そうかも」

「そうだよね。私もとても話してて楽しいもん。今日、○○君と初めて話したよね。今、私と話して緊張してる？」

「え、別に。話しやすい」

「そう。ありがとう。それって、○○君のいいところだよ！」

「へ?!」

「長所だよ。誰とでもすぐ仲良くなれて、楽しく話ができるってことでしょ。それって、すごくいいところだよ！」

「へぇ～、そっか～！」

子どもは本当に素直です。心底、嬉しそうにします。こちらまで嬉しくなります。


「でも、お母さんにはよく怒られてる」

「どんなことで怒られるの？」

「え～？　ゲーム、ゲームばっかやるなって」

「そう。ゲーム、おもしろいんだ。どれぐらいやるの？」

「う～ん。やってる時はずっとやってる。で、怒られる」

「そうなんだ。○○君、すごい集中力あるね。それもいいところだね」

「え〜？　そんなにやるなって言われるのに〜？」

「だって、私、そんなにずっとゲームできないもん。それだけの集中力あったら、勉強も集中してできるよ」

「そっかな〜！」

そこそこ、それが君のいいところ！　本人がまだ気づいていないところに、スポットライトをピカッと当ててあげた瞬間、相手は急に、光を放つように見えます。自分の良さを発見できた時に、人は、自己否定感の重たい砂袋をちょっと手放し、のびのびと手足を伸ばして活動的になれます。

その人が持っているものはすべて資源。「宝物」です。ものすごい大金を持っていても、本人が持っていることに全く気づいていなかったら、有効に使うことはできません。宝の持ち腐れというものです。もったいないです。一見、マイナスと見える要素も、「何かに活かせる資源」として、スポットライトを当てることで、その人を効果的に活かし始めます。ふりかえってみると、短所があったから得したことってけっこう意外とあるものです。そもそも、「長所と短所は紙の表と裏のようなもの」とよく言うではありませんか。

コーチは、常に、「この人の強みは何か？　いいところはどこか？」という目を持って、相手と向き合います。どんなに無気力、無関心を装っている相手の中にも、資源はたくさん眠っています。無気力、無関心に見えるのは、その資源に本人もまだ気づいていなくて、表面に現れていないから。「自分にもこんないいところがある！」と思えた時、身体の奥底から熱い気持ちがわいてきます。そして、それは外見にも表れていきます。

「自己肯定感の高い人は第一印象がすばらしくいい」という法則を私はこれまでの数百回のセミナー経験の中で発見しました。自分の良さを認識できている人ほど、イキイキと輝いています。本人すらまだ気づいていない強みを見つけて引っ張り出す、そのことによって、その人を輝かせる。これもコーチの仕事の一つです。

「今どきの子どもは覇気がない」と言う前に、その子の「強み」を最低二十個はリストアップして伝えてみませんか？　必ず、顔つきが変わりますよ。

【子どもが自発的になる〝存在承認〟のアプローチ】

・子どものいいところをまず二〇個リストアップしてみよう
・「ここがあなたのいいところ」と伝えてみよう
・「短所」を「長所」に言い換えて伝えてみよう
「○○さんは、何でもゆっくり丁寧にやるよね」
「その集中力は、すごい強みだね」
「引っ込み思案ということは、物事に対して慎重だっていうことだね」

3 「今日も元気に挨拶できたね」
～改善されたことを決して見逃さない～

中学校の生活指導の先生、T先生は生徒に対しては、常々、きちんと挨拶のできる子どもになってほしいと思っていました。朝夕の登下校時、廊下ですれ違う時、生徒がこちらに挨拶をしてくれるかどうかがとても気になります。なるべく、こちらから声をかけるようにしてはいるのですが、校内で「あいさつ運動」なども実施して、力を入れて取り組んでいるので、自発的に生徒側から挨拶をしてほしいという気持ちがありました。

こちらの存在に気づかず、通り過ぎようとする生徒がいると、ちょっとムカッとします。

「おい！　挨拶は？　挨拶しようよ」

「あ、おはようございます！」

「おはよう！　挨拶は生活の基本だから。忘れないように！」

「……はい」

「おはよう！」

「おはようございます！」

そんなある日、また、無気力にだまって通り過ぎようとする生徒と出くわしました。

「おい！　挨拶‼　いつも言ってるだろう？」

「……、あの、先生、ちょっといいですか？」

この生徒は、意を決したように、T先生に向かってこう言ったそうです。

「あの、私が、この前、先生は、○○先生とちょうど話をしてて、挨拶してくれませんでしたよね。先生は、私が挨拶した時、先生は、何か言うのに、ちゃんと挨拶した時は、何も言いませんよね。私だって、ちゃんとしている時はちゃんとしています！」

そう言って、立ち去っていきました。

T先生は、ショックでしばらくその場を動けなかったそうです。

「挨拶するのは人として当たり前」。そう信じて指導してきた。それは間違っていない。でも、自分は、「できて当たり前」とどこかで思っていなかったか。生徒ができなかった時にしか目を向けず、できていることは当たり前として見過ごしていたのではないか。生徒は生徒なりに、注意されたことを意識してやっている。そのことを認めてやらないで、できなかったことだけを言われたら、たしかに生徒はやる気をなくすのだろう。まして、「挨拶、挨拶」と言っている自分が挨拶を返さなかったら、「もうこんな人になんか挨拶しないぞ」と思っても仕方ないだろうな。

それから、T先生は、自分でも意識がちょっと変わったとおっしゃっていました。

「おはようございます！」

生徒が挨拶をしてくれると、

「おはよう。今日も元気に挨拶してるね。最近、ますます元気そうだね！」などと声をかけるようになったそうです。

朝礼でも、「みんなが毎朝、元気に挨拶してくれると先生も朝から元気になれるんだ」と言っているそうです。

子どもなりに注意されたことを改善できたら、そこを見逃さず、認めてあげること。これが行動の習慣化、次の行動への原動力につながります。一〇〇％やって当たり前、九九％だった時にだけ何か言われる。これでは大人でもやる気を継続できませんよね。

【子どもが自発的になる〝存在承認〟のアプローチ】

・できていること、改善されたことは見逃さずしっかり認めよう

「ちゃんとできるようになったね」

「いつもやってるね」

「ずっと続けているね」

4「ま、いっか。自主性に任せます！」
～ダメ出しの前にまず〝受け容れる〟～

「はい。じゃぁ、二人組、作ってください。これから『傾聴』の演習をやります。はい、近くの人と二人組を作ってくださ～い！」

大学で時々、コーチングの授業をさせていただきます。話を聴いているだけでは、コミュニケーションは学べませんから、実際に演習を通して体感してもらいます。一方通行の講義を聴くことに慣れている学生は、たしかにとまどいますが、新鮮さも感じてチャレンジしてくれます。それでも、やっぱり参加しない学生もいます。

「はい。できましたか？　二人組。余っている人いませんか？　ペアの相手がいないっていう人は？手をあげて教えてください」

学習意欲のある学生がパラパラと手をあげますので、手をあげた人同士でペアを組ませます。しかし、どう見ても、まだペアを作っていない学生で手もあげない学生がいっぱい残っています。

「はい。他に余っている人。相手、いますか？　いないよね？……えっと、ちょっとこっちに来てもらえますか？　この人と組んでみてください」

こちらが促してようやくペアを作れる学生もいれば、

「他に余っている人。もういませんか？」

何度声をかけても、明らかに一人ポツンと座って、相手を探そうとも手をあげようともしない学生もいます。

「ま、いっか。皆さんの自主性に任せます！　じゃぁ、二人組を作ったところは、二人の間でAさん、Bさんという役割を決めてください」

あいかわらず、やる気ないという態度で座っている学生。

「進め方について質問はありませんか？……ないですね。じゃぁ、早速、Aさんからスタートしてください。どうぞ！」

演習はスタートし、ペアを組んだ学生たちは各々課題に取り組んでいます。皆がワイワイガヤガヤとやっている中で、ぼ～っとただ座っている学生。

「一緒にやろう。じゃ、私がまずAさんをやるね」

声をかけて隣に座ります。

「え？……」

「あ、そうだ、名前、教えてください」

「〇〇……」

「〇〇君ね。よろしく。じゃ、先に私が話をする役割をやるから、〇〇君は聞き役ね」

「そうそう、そんな感じ。次は、私が聞き役やるから、〇〇君が自分の話をしてね」

こうして、コミュニケーションがスタートすると、意外と話をしてくれるものです。

なんだ、やろうと思ったらやれるじゃない。

『傾聴』の演習、やってみてどうだった？」

「……ちゃんと聴いてもらうと、話しやすい、ですね」

「そうでしょ！」


次の演習の時間。あいかわらず、この学生はペアを作ろうとせず、やる気なさそうに座っています。

「さっき、〇〇君がBさんだったから、今度、私がBさんやるね」

また、隣に座りに行って相手をします。

この授業の休憩時間、私が黒板を消しているところへ、この〇〇君が近づいてきました。手に何やら持っています。

「これ、さっき話してたバンドの写真」

一枚の写真を見せてくれました。

うわぁ〜、この子は、ちゃんと自分からコミュニケーションをとりに来たぞ！　すごいじゃないか！

「へぇ〜。これが、〇〇君なんだ！　かっこいいね！」

「ああ、本番の時はちょっとメイクしてるしね」

そして、この学生は、翌日の演習の時間には、ちゃんと自分でペアを作りに行っていました。なんだ、やればできるじゃない！


こちらの指示通り動かないことに対して、「なんで、手をあげないの？」、「なんで、やらないの？」、「早くやりなさい」と言っても、なかなかできない学生もいるものです。理由は様々にあるようです。まじめにやるのは「ダサい」と思っている場合もありますし、こちらから声をかけてペアを作りに行くのが苦手で、ためらっている場合もあります。

「ま、いっか、それもありだよね」。あくまで、その「やらない」気持ちを受け容れます。その上で、ただ責めるのではなく、関心を持って声をかける。放っておかない。「ま、やってみようよ」と気軽に関わりを持つことで、自分から動いてみようかなと思う瞬間があるようです。

【子どもが自発的になる〝存在承認〟のアプローチ】

・相手を責める前に、まず受け容れよう

・関心を持って声をかけ続けよう（無視しない）

◯「そうか、そう思ったんだね」

◯「そこが難しいと思ってるんだね」

◯「ちょっと一緒にやってみようよ」

×「なぜ、やらないの？」

×「早く、言う通りにやりなさい」

×「とにかくやってみればいいじゃないか」

5 「聴いてくれて本当に嬉しかった」

～I《アイ》メッセージでこちらの気持ちを伝える～

「は～い。みんな！　ちょっといいかなあ～。……あの～、テキスト十ページ開いて～！……聞こえてますか～？」

私の叫び声が、生徒の私語の渦の中にかき消されたことは何度となくありました。これには当初ずいぶん打ちのめされました。社会人が相手だったら、どんなにつまらない話でも、一応黙っていてくれます。聴いてくれていないのかもしれませんが、一応静かにしていてくれます。でも、高校生はそうはいかない……。目の前で、

「もう～、つまんな～い」

「帰りた～い」

とはっきり言われます。素直なだけに、反応はとてもストレートで、グサッときます。

「高校の先生って、たいへんだな～」と、しみじみ実感しました。

ある時、ガサガサワサワサとうるさい教室の雰囲気に、ついに私も、プチッとキレそうになりました。

「おめ〜ら！　いいかげんにしろよっ！」

高視聴率番組だったテレビドラマ『ごくせん』に登場する山口久美子先生のように怒鳴りたい衝動にかられました。

でも、待って。ここで怒鳴ることが、本来の目的にそったコミュニケーションにつながるのか？

今、ここで感情的に強く言うことが、私の意図した結果につながるのか？

私は、自分の言動をかなり客観的に観察するトレーニングをコーチングの中で受けてきていました。

怒鳴る前に自分を止めました。怒鳴っても反発をかうだけだ。大事なことは、強制して言う通りにさせることじゃない。それでは続かない。むしろ逆効果。相手の興味関心を引き出すこと、相手の可能性を開く対応をすること、これが大事。


「私、会社入って、三年目ぐらいだったかな。仕事がすご〜く忙しくなってきて、自分の時間がぜんぜんないな〜って思った時があったんです。……」

本題は脇に置いて、そんな話を始めていました。まず、相手の関心を引き出すこと。

あれ？　少しだけ、ワサワサのトーンが落ちたような気がしました。続けました。

「仕事して、帰ってご飯食べてお風呂入って寝たら、もうあっという間に朝。また会社に行く。この繰り返し。自分の時間がないな〜、社会人ってつらいな〜、って思いました」

あれ？　こっち向いて聴いてくれている子がいるな〜。

「ある人に、愚痴を言いにいきました。『社会人って本当に自分の時間がないですよね。それがストレスです』って。そうしたら、その人がこう言ったんです。この言葉は私にとってかなり衝撃的でした。今でも私を支えている言葉です」

あれ？　ちょっと静かになってきたのかな。

「その人は、私にこう言いました。『え？　あなた、じゃ、今の、この会社にいる時間は誰の時間なの？　自分の時間じゃないの？　私はね、二十四時間全部自分の時間だと思ってますよ』。……そっか〜、よく考えたら、一日の中で一番おいしい時間を会社で過ごしているわけですよね。その時間が自分の時間じゃないとしたら、夕方五時以降しか、本当の自分に戻れないとしたら、そんなつまらない人生はないな〜って思えたんです。この時間をどう過ごすかは自分で決められる。今、この時間も」

あれあれあれ〜？　全員がしーんとなって私の方を見ています。……聴いてくれてる！

「『一日二十四時間、全部自分の時間』。そう思ったら、今を楽しくするのも自分だなと思えました。そうすると、仕事をやらされているという気持ちがどこかに行って、自分のために、今、この仕事しているんだって思えるようになりました。それからストレスがずいぶん減りました」

うわぁ〜、聴いてくれてる。聴いてくれてる。……みんな、ありがとう！

ちょっと熱いものを感じました。

「今日ね、このセミナーに参加するのはけっこう面倒くさいなと思った人もいたと思います。でも、こんなにたくさんのみんなが来てくれて、私は本当に嬉しかった。この時間を、『つまんないな～』と思って過ごすのも一日、『たまには先生以外の社会人の話を聴いてみようかな、楽しみだな』と思って過ごすのも一日。どんなふうに過ごすかは、それはみんなが自分で決められること」

なんだ～、みんな、こんなに静かに話を聴けるじゃない！　聴けないわけじゃないんだね。

「今、こうして、みんなが、〝静かにしてください〟って言わなくても、私の話をだまって真剣に聴いてくれて、私はとても嬉しかった！　ありがとう。この後も、絶対にみんなのためになる話をがんばってするから、みんなが聴いてくれると私はとても嬉しいです」

この日、たしかに、これ以降も私語を繰り返す生徒はいました。でも、明らかに空気は変わりました。そして、最後のまとめの時間に、

「これについては、どうだったっけ？　どんなこと学びましたか？」という私の問いかけに、あちこちから、

「元気よく挨拶する～！」とか、

「あきらめないで最後までがんばる～！」とか、

積極的にポンポン返答をしてくれました。教室全体に一体感を感じました。何とも言えない達成感を私は味わっていました。

みんな、聴いていないようで、ちゃんと聴いていたんですね。

相手に何かを要求する時、「～しなさい」で、うまくいかないとしたら、Ｉメッセージ（「私は」を主語にして伝えるメッセージ）でこちらの気持ちを伝えてみる、という方法があります。

相手を評価するのではなく、ただ、自分の気持ちを伝える。そのメッセージから、自分の存在が相手をどんな気持ちにさせ、どんな影響を及ぼしているのかを自分でちゃんと考えるようになるのです。

「○○ちゃんは一生懸命勉強していて偉いね」。これはＹＯＵメッセージと言われるメッセージです。「あなた」を主語にして相手に伝えます。プラスの言葉であれば、決して悪い気はしない表現ですが、この言葉の裏には「評価」のニュアンスがどうしても見え隠れします。「勉強する子はいい子だけど、しない子は悪い子」という評価です。「勉強しない子はダメな子。勉強しないと認めてもらえない」。そんな気持ちを子どもたちは抱いてしまいます。そして、評価してもらうために行動しようとします。

「○○ちゃんが一生懸命勉強しているのを見て、お母さんもがんばらなくちゃって励まされちゃった。おかげで仕事もがんばれたよ。ありがとう」。Ｉメッセージで伝えることによって、「自分がとった行動がお母さんを元気にした、幸せにした」という実感を持つことができます。そうすると、「自分には人にプラスの影響を与える力がある」と自分のことを捉えられるようになります。自己肯定感が芽生えます。「もっと相手に喜んでもらえるにはどうしたらいいのだろう」という発想もわいてきます。

人は「評価」では動かない。「承認」で動くのです。

【子どもが自発的になる〝存在承認〟のアプローチ】

Youメッセージから I メッセージへ

「あなたは、〜だ」、「君は〜すべきだ」と言うより、「私は、〜と感じた」と言ってみよう

○「一緒に話してくれて、（私は）とても楽しかったよ」

○「これができるようになって、（私は）とても嬉しかったよ」

○「これをやってくれて、（私は）本当に助かったよ」

×「だから、（あなたは）ダメなんだ」

×「（あなたは）前もこうだったよね」

×「（あなたは）もっとこうした方がいいんだよ」

6 「メッセージにお答えしますね」

～投げられたボールは必ず投げ返す～

ある大学での集中講義での出来事でした。〝集中〟ですから、朝九時から夕方十六時まで、一コマ九十分の授業を四コマずつ三日間ビッチリやります。この大学はなかなか厳しくて、一コマずつ毎時間「受講カード」なるものを配り、記名、提出させることによって、教員側がもれなく出欠を把握できるシステムになっていました。私はこの三日間十二コマを使って、一二〇名の学生の皆さんに「コーチング」の講義をすることになっていました。

初日の一コマ目が終わったところで、一〇〇枚近い受講カードが私の手元に戻ってきました。一枚一枚に学科、学年、学生番号と名前が書いてあります。パラパラと見ていくと、一枚だけ何やらメッセージが入ったカードがあります。

『メリークリスマス！』

あ！　そうか、今日はクリスマス・イブではありませんか。

二コマ目の冒頭、私は、こんな言葉から授業を再開しました。

「皆さん、受講カードを提出してくださって、ありがとうございます。メッセージを書いてくださった方がいました。『メリークリスマス』って書いてあります。そうですよね。今日はクリスマス・イブでしたね。皆さん、本当だったら、こんなところに来ている場合じゃぁないですよね。行きたいところもありますよね。そんな日によくぞ朝から授業に出席してくださいました。ありがとうございます」

二コマ目を終えて、また受講カードを集めますと、メッセージ付きの受講カードが今度は六枚ほどに増えていました。サンタクロースのイラストが書いてあるものなどもあります。

『石川さんはＮＨＫの有働アナウンサーに似てますね』

「あ、ありがとうございます。よく言われます」

『失礼ですが、コントをやっているときの青木さやかに似てると言われたことはありませんか？』

「ありません。そうですか。似てますか。初めて言われましたね」

『プロ野球では多くがティーチングです。なのでコーチングをやっている球団があるとは知らなかったです。ちなみに自分は千葉ロッテマリーンズのファンです』

「そうですか、マリーンズもよく闘いましたね」

毎回、授業の冒頭で、メッセージを紹介し、私がコメントをつけるようになりました。すると、メッセージ付きの受講カードが毎時間ごとにどんどん増えていくのです。そのうち、講義の内容についての感想やその本質に迫るような鋭い質問を寄せる学生も出てきました。

「なるほど、これは鋭い質問ですね。よく私の話を聴いてくださっていて嬉しいです。ここは、コーチングのとても大事なポイントなんですよ。もう少し詳しく説明させていただきますね」

質問を読みあげ、それに答えると、その時間の受講カードには、

『丁寧に質問に答えていただき、ありがとうございました』

というメッセージが付いて返ってきます。休憩時間に、直接、質問しに来る学生も出てきました。メッセージ付きカードはどんどん増え続け、次の授業の冒頭でそれらを紹介する時間もものすごくかかるようになりました。が、私は毎回続けました。授業に入る前に、まず、すべてのメッセージを読みあげることをやめませんでした。

「今回もたくさんのメッセージ、ありがとうございます。じゃ、この時間もまず最初に、メッセージにお答えしますね」。この言葉で毎時間、授業がスタートしました。「そんなことをしていて、授業時間がもったいない」と思われるかもしれません。私も一瞬そう感じました。でも、学生たちは、この受講カードを通して、私とコミュニケーションをとろうとしてくれているのです。このカードを通して、「共感したこと」、「疑問に思ったこと」、「もっと知りたいこと」を伝えてきてくれているのです。それは自分が準備してきた内容をただ一方的に伝えるのがいい授業だとは私には思えませんでした。

単なる私自身の自己満足にすぎません。学生が今、この場で、「知りたい」、「おもしろい」と感じたことにすぐに反応してあげること、それが学生の興味を引き出し、満足につながるいい授業だと思えました。毎時間、毎時間、私はメッセージが入ったカードをより分け、読みあげ、コメントを付け続けました。メッセージもどんどん増え続けました。そして、最終日。一番最後の授業後に集めたメッセージ付き受講カードは実に六十枚を超えていました。

講義室の中は、一対一二〇のコミュニケーションです。ほぼ一方通行です。私は、どの学生がどのメッセージを書いてくれたのかさえ全くわからないままメッセージに回答し始めたのですが、三日間でこうしてちゃんとコミュニケーションがとれている感じがしてきます。たしかに、紙を通したコミュニケーションにすぎないのかもしれません。でも、そこからは、学生の知的好奇心が多いに刺激され、学習意欲や生き方にまで影響を与えたことを読み取ることができました。


『大学生活の中でこんなに興味を持てた授業はありませんでした』

『コーチングのスキルなのか、注意もしないのに、こんなに静かになる講義は初めてです』

『メッセージに答えてくれるのは、ラジオでリクエストはがきを読んでもらえるみたいで楽しかった』

『最初は単位のためにとったけど、これからの私の人生を変える授業でした』

『コーチングを知って考え方が変わりました。自分には何もできないと思っていたけれど、私にもやれることがあると気づきました。先生に会えてよかったです』

『〝人間には無限の可能性がある〟という言葉を心にとめ、社会に出て行きます』

『この授業のことを忘れず、いつか人の役に立ったり、人を力づけられるような人間になりたいです』

今、この場で全部を紹介しきれないのが、非常に残念でもどかしい思いです。胸が熱くなるような承認の数々、演台で読みあげながら泣きそうになる瞬間がありました。最初はカードを通してのコミュニケーションでしたが、お互いに「コミュニケーションをとるのはおもしろい！」と実感し合った空間でした。すばらしい感性と向学心を持った学生の皆さんと過ごせたこの三日間は、私にとって何よりのクリスマスプレゼントとなりました。


学生が書いてきたレポートにコメントを書いて返してあげる。学生が発言したことを承認し、感想を添える。投げてくれたボールは、必ずきっちり投げ返す。投げ返せば、必ず返ってきます。学生はけっこうボールを投げてくれています。そもそも、「授業に出席する」ということ自体、こちらに向かって投げたボールの一つなのです。時間と労力を惜しむことなく、投げ返し続ける。そこから学生とのキャッチボールが始まり、興味関心も引き出せるのだと思います。この返球こそ、相手の存在に対する「承認」なのです。

【子どもが自発的になる〝存在承認〟のアプローチ】

・相手からのアプローチには、どんなにつまらないことでも必ず返答しよう（無視・無関心が相手の無関心を引き起こす）

・返答はタイムリーに迅速に

「連絡してくれて、助かったよ」

「今日も来てくれて、ありがとう」

「レポート出してくれたんだね。ごめん、今、読む時間ないけど、今週中には必ず読むから」

第4章

『〝わからない〟で片付けようとする子どもたち』が〝自分で考え始める〟アプローチ

1 「じゃあ、どうすればいいんだろうね？」
〜ただ受けとめて聴く〜

ある大学生が、コーチングの講義を聴いていて、思い出した体験談をまとめてくれました。

◆　◆　◆

私は、一度高校を休学して、市内の違う高校に転入したことがある。人から見ればそんなふうには見えなかっただろうが、あの時の私にはそこが苦痛でたまらなかった。場になじむタイミングも気力もなかった。実際に「学校を辞めたい」と担任に切り出した時も言葉を失うほど驚かれた。そもそも受験した理由が自分が行きたいと思ったからではなく、一緒にいたい人がそこに行くと言ったからであった。まんまと相手が落ちてしまって、私は入学の段階から行く意味を見出せなくなっていた。ただなんとなく過ごし、日程消化な毎日だった。そのまま何もなければ3年間過ごせたかもしれないが、2年の時に校外で趣味が同じですごく気の合う友だちができた。私よりも2つ年上だったが、毎日がすごく楽しそうだった。それに比べて私はどうだろうと考えたら、毎日がものすごくむなしく思えた。

その話を自分の母親にした。母は黙って聞いてくれた。「それでどう思ったの?」、「じゃぁ、その状況を改善するにはどうすればいいんだろうね?」とまるでコーチングするかのように。自分の中で答えは見えていた。ただ、否定されると思って口には出せなかった。学校を辞めるなんて言えば、たいていの親は頭ごなしに否定するだろう。しかし、母は否定しなかった。「あんたがちゃんと考えて考え抜いて出した答えなら、あたしは応援するよ」と言ってくれたのだ。本当に嬉しかった。

担任と話してくれて、担任も協力してくれた。退学して転入だと手続きが面倒になるから、学校が介入できるように休学から転入の形をとったほうがいいとアドバイスもくれた。転入理由の文章を添削してくれたり、学校に行かなくなってからの方が先生がたにお世話になった気がする。みごとに転入試験に通り、私は転校した。それからは、決して楽ではなかったが、自分らしく自分なりに生きていられると思う。

決断を下したのは自分自身だけど、あの時ちゃんと話を聞いてくれた母がいなかったら、今の私はどうなっていただろう。普通生きていれば後悔は必ずつきものだけど、転校したことに関してだけは後悔していない。むしろ、人生最良の選択だったのではないかと思う。その選択も「転校してがんばる」という私の言葉を信じてくれた母や学校の先生がたがいなければ成り立たなかった。あの時、私の周りにいた人たちはみんなコーチだったんじゃないかと思う。

◆　◆　◆

本来、親も先生もその子がより幸せになることを望んでいるはずです。その思いはあるのに、子どもが「こうしたい」と言い出したことに、急に自分の価値観をあてはめて否定してしまうことがあります。学校を普通に卒業して進学する、あるいは、就職する。それこそが幸せな人生へのステップととらえられがちですが、本当にそうでしょうか。タレントになりたい、海外で働きたいなど、身近に例がないことを子どもが言い出したとたんに、「もっと現実的なことを考えなさい」とたしなめてしまいます。じゃぁ、簿記の資格を取って、一応「会社」と名の付くところの事務職になれたら、みんな幸せになれるのでしょうか。偏差値の高い大学を出て、いつリストラされるかわからないサラリーマン世界に入れたら、みんな幸せになれるのでしょうか。もしかしたら、その子が本当にやりたいと思ったことにチャレンジさせてやることの方が、その子にとっては幸せなこともあるのではないかと私は思うのです。

いったん、相手の気持ちを受けとめて、もう一度、相手に深く考えさせる。その中で、その子は、自分で納得しながら、自分の人生を作り上げていくことができるのではないでしょうか。はじめから、「それはダメ」、「何言っているの?」と否定しては、ただ、その子の人生を狭め、行動を起こせない子どもを作るだけです。

だいじょうぶです。信じて受けとめれば、ちゃんと自分で考え始めます。本人が考え始める前に、「それはダメ」と言ってはダメです。ただ受けとめてあげるだけでいいのです。

【子どもが自分で考え始めるアプローチ】
・傾聴：相手の思っていることを一度否定しないで全部聴いてみよう
「そうか、そんなふうに考えてるんだ」
「なるほど、そう思ってるんだね」
「もう少し聴かせて」
・子どもをもっと信じてみよう
「あなたが本当にそう思うなら、どうすればできるか考えてごらん」
「あなたならきっと考えられるよ」
「私は応援するよ」
×「そんなこと言っていてどうするの？」
×「できるわけないでしょ」
×「ダメ、ダメ。もっと真剣に考えてから言ってよ」

2 「学校、終わったら何してるの？」
～答えやすい質問を投げてみる～

「どんな仕事してみたいと思ってるの？」

「……さぁ、わかんない」

「何だったら向いてそうだと思う？」

「……別にぃ。わかんない」

「学校生活で一番がんばったことは？」

「……うーん。ない、かな。……わかんない」


就職カウンセリングをしていて、万事この調子の生徒はたくさんいます。「わからない」と答える生徒に、私がまずしたことは、「わかる質問」を投げかけることでした。「わかる質問」というのは、生徒が「答えやすい質問」です。「答えやすい質問」とは、「〝事実〟をただひたすら訊ねる質問」です。

「今朝は何時に起きたの？」

「七時、かな」

「ふーん、早いね。毎朝、何時に学校来るの？」

「八時半」

「そう。じゃぁ、何時に学校から帰るの？」

「三時半」

「どれぐらいの時間で帰れるの？」

「うーん、一時間ぐらい」

「けっこうかかるんだね。学校、終わったら何してるの？」

「……だいたい、ゲーム、かな。家で」

「どんなゲーム？　何ていう名前？」

「ええと、……これこれこういうやつ」

「毎日やるの？　どれぐらいやるの？」

「毎日、じゃないけど。でも、けっこうしてるかな。熱中すると二時間ぐらい、かな」

「そう、そんなにおもしろいんだ。他にはどんなことするの？」

「うーん、……今はしてないけど、バイトしてたこともある」

「へぇ、すごいね。どんなアルバイト？」

「コンビニ」

相手が覚えてさえいれば、すぐに答えられるような質問をポンポン投げかけていきます。おもしろいもので、考えなければ答えられないような質問には、考えるのをすぐに放棄して、「わからない」という常套句を使います。しかし、深く考えなくても答えられる質問には意外と答えてくれます。最も答えやすいのは、「〝事実〟をYES、NOで答えられる質問」（限定質問）です。例えば、

「部活動はしてるの？」

「アルバイトはしたことある？」

「もう試験は終わったの？」などの質問です。

とりあえず、YESかNOを言っておけばいい質問なので、わりと即答してくれます。その後は、

「それはいつ？」

「どこでやるの？」

「誰と遊ぶの？」

「それは、何ていう名前？」

「どうしてそれを始めたの？」

「どんなふうにやるの？」

などの5W1Hの疑問詞（When「いつ」、Where「どこで」、Who「誰が」、What「何を」、Why「なぜ」、How「どのように」）を使って、事実を具体化する質問を投げていきます。事実を淡々とたずねていく分には、意外に話をしてくれます。これを、否定しないで、興味深くじっくり聴

きます。最初は答えにくそうにしている生徒も、自分が熱中しているゲームの話になるとそれがいかにおもしろいか、難しいか、その難易度の高い面をいかにして自分がクリアしたかを嬉々として語り出すこともあります。「よしよし、キャッチボールできてきたな」と感じられてきたら、今度は「〝相手の考え〟をたずねる質問」（拡大質問）に移行していきます。この質問が、いわゆる「わからない」を誘発しやすい質問です。が、「答えやすい質問」で、ある程度、会話が進行した後は、意外とすんなり答えてくれるものです。


「コンビニでバイトしようと思ったきっかけは？」

「うーん……たまたま。友だちがやってて、おもしろそうだったし……」

「そう。実際にやってみて、どうだった？　おもしろい？」

「うん、おもしろい、ですね」

「へぇ、いいね！　どんなところがおもしろいの？」

「いろんな人、来るし……。顔とか覚えてもらって、声とかかけられると、ちょっと嬉しい、かな」

「そうなんだ。○○君は、いろんな人に会えるのは好きなんだ」

「うーん、どっちかっていうと、そうですね。……あと、在庫を切らさないように、バックヤードもいっつも見に行って、気をつけておくんですけどね、そのへんはゲームみたいで、おもしろいかな」

「へぇ、なるほどね。接客販売の仕事も向いてそうだね。店頭での接客の仕事はどう？　どんな仕事が向いてるかわからないって言ってたけど、どう、やってみたい？」

「ああ、いいかも。やってもいい。全然ＯＫ。いけるかも」

「そういう会社の求人票、来てなかったかな？　見てない？」

「ああ、見たことはある。これいいかなって、前ちょっと考えてたんですけどね……」


「わからない」と言っている生徒の中にも、ちゃんと「答え」はあって、ちゃんと考えています。決して何も考えていないわけではないのです。「わからない」をそのまま真に受けてはいけません。言っている本人も「わからない」と思い込んでいて、とりあえず「わからない」と言ってしまいます。でも、本当はちゃんと考えているのです。それを、質問によって思い出させてあげるのです。まず、相手が「答えやすい質問」、つまり「〝事実〟をたずねる質問」から投げていく、そしてしだいに「〝考え〟をたずねる質問」に移行していく。これはなかなか有効です。

「わからない」を連発する相手に、「なんで、自分の考えを持っていないんだ」と、時々いらだってしまうこともありますが、もしかしたら、「将来、どうしたいと思ってるの？」、「自分のＰＲポイントって何だと思う？」など、かなり漠然とした「答えにくい質問」を投げかけているのかもしれません。

子どもたちは、自分の内側で起こっていることを表現することにはあまり慣れていませんが、自分の外側で起こっていることを冷静に観察し、表現することには案外長けているように感じます。自分の外側で起こっている「事実」をまず描写してもらうところから、コミュニケーションをスタートすると意外とうまくいくと実感しています。

【子どもが自分で考え始めるアプローチ】

・まず、限定質問で、事実を訊いてみよう
・限定質問に答えてくれるのを否定しないでじっくり聴いてみよう
・相手が話し出したら、拡大質問に変えてみよう

「昨日は部活動に出たの？」（限定質問）
「昨日は何時に帰ったの？」（限定質問）
「今日、帰ったら、何をしようと思っているの？」（拡大質問）
「今日中にこれだけやっておくとしたら何？」（拡大質問）

3 「例えば、こんな時はなかった？」

～例え話をする・選択肢を示す～

「面接試験でどう自己ＰＲをしたらいいのかわからない」と言ってくる生徒から、ネタになりそうなことをあれこれと引き出すのがまた至難の業でした。何を訊いても「わからない」。「じゃぁ、何だったらわかるのよ？　何だったら考えてくれるのよ？」だんだんいらだってくることもしばしばありました。こうなると前に全く進みません。そこで私がとった作戦は、「答えを見せてみる」という方法でした。


「例えば、野球部だった時、ものすごく監督、先輩が厳しくて辞めたいって思ったことなかった？」

「う～ん、……あんまり」

「じゃ、例えば、毎日の練習メニューがきつくて苦しかったことはなかった？」

「あったけど、……」

「そう、でも、辞めなかったんだ。それ、どんな気持ちで乗り越えたの？」

「いや、別に、……普通」

「？？？……あ、そう。じゃ、部員同士がまとまらなくて困ったんだけど、なんとかうまくチームワークが作れるようになったとか」

「……ああ、二年生の時、練習の仕方でもめて、仲の悪い先輩たちが二つに割れて、どうしたらいいのかなって感じになって、その時、……」

「こういうのはどう？」、「これはどう？」、「こんな感じは近い？」

答えになりそうなものを次々と挙げていきます。そうすると、どこかで自分のアンテナに「ピピッ！」とひっかかる言葉に出会うと、「そうそう、それそれ」という感じで反応してくれます。

ちょうど、

「お昼、何食べたい？」

「うーん、何でもいい。わかんない。思いつかないなあ」

「この近くだと、おいしいラーメン屋さんがあるよ」

「ラーメンかぁ」

「あとは、中華料理のお店か、イタリアン、おそば屋さん、オムライス専門のお店もあったかな」

「あ、それいいね、オムライス！　そういうの食べたい気分だな」

こんな会話に似ています。自分の中に、「これ」という答えがあるにはあるのですが、そのままだとなかなか出てこない。いくつかの答えを見せることで、「あ、これこれ」と思い出させてあげるという方法です。こちらの考えを押し付けるのではなく、「こんなのはどう？」と相手の考えを確認します。

「本当に何が向いているのかぜんぜんわかんないんです」という生徒には、こんなアプローチをよくします。

「じゃぁ、建物の外で働くのと中で働くのでは、やるとしたらどっちが好き？」
「たくさんの人たちとチームを作って働くのと、一人で黙々と作業するのとではどっちがいい？」
「動き回る仕事と机にすわってじっくり取り組む仕事では、どっちをやってみたい？」
「物を作るのと売るのは、どっちがいい？」

「AとBならどっち？」という選択肢を見せる方法もよく使います。二者択一だと、割と答えやすい質問になります。クイズに答える感覚で考えてけっこう答えてくれます。もちろん、「どっちでもいい」という答えも返ってきますから、「そうなんだ、じゃぁ、何でもよさそうだね」とむしろ適性の幅が広がるということを伝えます。

「今、答えてくれたのを聴いてたら、外で動き回るんだけど、一人で黙々とやる仕事の方がよさそうだね。例えば、荷物を届ける宅配の仕事なんてどう？」、「車を運転するような仕事は？」

「人と一緒になって何かやるのが好きなんだね。で、動き回るのもけっこう好きなんだ。ホテルやレストランの接客なんかはどう？　イメージに近い？」

最初からすべてを引き出せなくてもいいんです。まずは、答えを見せてみる。

「あ、それそれ！　そんな感じ！」選ぶのは相手です。

「もう、わかんないんだったら、こうしなさい！　これでしょ、これ！　これが一番！」

相手に自分の答えをむりやり握らせようとするから、つい、相手も手を堅く握って受け取ろうとしなくなってしまうのです。それが正論であればあるほど、なぜだか人はひいてしまいます。相手の目の前に、まず答えを置いてみる。相手のアンテナにひっかかったものを相手が自ら手を伸ばして取る。ここに、相手が「自ら考え、自ら選んだ」という自発性が存在しているのです。

「こんなのあるよ。どう？」

この作戦はけっこう使えました。

【子どもが自分で考え始めるアプローチ】

・「提案＋拡大質問」を使ってみよう

「例えば、こういう方法があるけれど、これはどう?」

「前にこういうやり方でやった人がいるんだけど、どう思う?」

「この方法は○○さんには向いていると私は思ったんだけど、○○さんはどう思う?」

・選択肢を見せてみよう

「AとBだったら、どっちがいい?」

「AとBとCの中では、どれを選ぶ?」

「AとBとCがあるけど、他にあるとしたら何か思いつく?」

4「今日は昨日より五分早いね」
～事実を客観的に伝える～

「どうしていつも遅いの？」

「ほら、また一番最後だよ。はい、急いで！」

「いつも言ってるでしょ。もっと早くやろうよ」

「もう少し早めに始めてみたらどうかな」

「いつまでに終わらせるか、今日は時間を確認してからやってみよう」

小学校二年生の時の担任の先生は、行動の遅いNさんに、ほとほと手をやいていました。給食を食べ終わるのも、宿題を出すのも、工作の後片付けをするのも、体操服に着替えるのも、とにかく万事が万事、他の児童よりもずっと遅いのです。他の児童と歩調が合わないので、授業の進行に差し障ることもしばしば。今までいろんな指導をしてきたつもりですが、改善されません。Nさん自身は、なんとかしたいと思っているのでしょうか。改善する意欲は感じられません。訊いてみると、小学校に入った時からずっと。家庭内でもそうらしいのです。どんな言葉をかけたら、Nさんの行動をスピードアップできるのか。ずいぶん頭を悩ませましたが、解決には至りませんでした。

先生のお気持ちはわからないでもないのですが、私自身もNさんのような子どもだったので、なんとなくわかります。本人は、本人なりにけっこう真剣にやっているつもりなんです。「自分だけいつもグズだな」というのも感じています。一生懸命に「早くしなくちゃ」と思ってはいるのですが、「早く、早く。みんな、待ってるから」と言われたら言われるほど、よけいにできなくなっていくのです。

Nさんは三年生になりました。新しい担任の先生は、Nさんに、「早くしなさい！」とは一言も言いません。じゃぁ、放っているの？　そういうわけでもありません。ちゃんと行動を観察していて、折々に声をかけます。

「今日は、昨日より五分早いね」

「十時五十三分に終わったね」

「ここまでは、十時五十分にできたね」

「今週は二回、宿題を期限通りきちんと出せたね」

「このプリントの提出は一日遅かったね」

これは何をやっているのかというと、「Nさんの行動を客観的な事実として、Nさんに伝える」ということです。コーチングのスキルで言うところの『フィードバック』です。見た事実をそのまま伝える。ここでのポイントは。「だからダメ！」、「だからOK！」という評価を加えないことです。ここで、「五分遅れたね。だから、もっと早くって言ったでしょ」などと言ってしまうと、またまた子どもは萎縮をしてしまいます。子どもはちゃんとわかっています。「早くしたい」という気持ちも持っています。たとえ、「早くしなくちゃ」というあせりを感じていなかったとしても、客観的な事実として、「十時五十分までに」と言われていれば、そのことはわかっています。子どもをあたたかく見守り、鏡のような役割になって、「今、こうだったよね」と伝えてあげる。それで、子どもは自分で考えます。

さて、このNさんですが、三年生の二学期には、他の児童にほとんど遅れをとることなく、行動できるようになりました。そうなると、Nさんも嬉しいのか、授業にもどんどん積極的になっていきました。「こうしなさい」、「それはダメでしょ」とストレートに伝えることに比べたら、「今、こうだよね」と事実を客観的に伝えることはとてもまどろっこしい感じがしますよね。そんな軟弱なやり方で本当に改善されるのかと思いますよね。しかし、この「フィードバック」の効果、実は意外とパワフルなのです。

「ダメでしょ」、「～しなさい」というアプローチでは、子どもはかえって、防衛的、反抗的になったり、萎縮したりします。意外と改善に結びつきません。「いつも見てるよ」というスタンスを保ちながら、子ども自身にもどうすればいいのかを考えさせる、そんな「信じて見守るアプローチ」がかえって改善を促すことがあります。

【子どもが自分で考え始めるアプローチ】

・評価ではなく事実を客観的に伝えてみよう

「五分早いね（遅いね）」

「今週は二回できたね」

「さっき、○○さんがそう言った時、△△さんが寂しそうな顔をしたね」

×「今日も遅いよ。そんなことじゃダメじゃないか」

×「今週は二回しかできなかったね。まだまだ少ないね」

×「そんなこと言ったらダメです。△△さんがかわいそうでしょ」

5 「その中で自分ができることは何？」
～自分事として考えさせる～

コーチのKさんは、もう半年も中学二年生の姪、Hさんを電話コーチングしています。「毎週月曜日の夜八時ね」と約束をして電話をもらいます。


「ねぇ、Hちゃん、先週、計画していた勉強できた？　どうだった？」

「え～、あんまりできなかった……」

「そう。あんまりできなかったんだ」

「だって、なかなか勉強できないんだもん」

「そう。勉強できない理由って何かな？」

（ここで、「どうして勉強できなかったの？」と質問しないところが、さすが、コーチングを学んでいる人です。5W1Hの中の一つの疑問詞なのですが、〝Why〟はちょっとだけ危険な疑問詞です。「どうして？」と訊かれると、相手は責められている感じがします。しかも、過去形で否定形で訊かれたらもうノックアウトです。相手は、自分の人格を責められている感じがして防衛に回ります。言いわ

けに逃げてしまいます。「どうして?」を「何?」に変えて訊くところがポイントです)

「勉強しようとするとね、ママがお皿洗うの手伝って、って言いに来るんだもん。それに、弟が邪魔しにくるし、お姉ちゃんは、大きい音で音楽聴くし、……」

「そっかぁ。じゃ、どうしたら、今週は勉強できるかな?」

「え? ママが手伝ってって言わないようになったらいい」

「うん。他には?」

「弟が邪魔しに来なかったらできる」

「うん、他には?」

「お姉ちゃんが、もっと静かにしててくれたらできる」

問題の原因が、「誰かのせい」というところで語られている以上は、決して解決につながりません。Kコーチは、いつもHさんとのコーチングの中で、相手に問題を自分事として考えるよう質問をしています。


「そうだね。たしかに、みんなにそうしてもらえるといいよね。それは、私からもママに頼んであげる。で、Hちゃんができることは何かな? 今週、計画通りに勉強するために」

「え? 毎日、決まった時間に机に向かう」

「うん、それはどうやったらできる?」

「……ジャニーズのポスター、部屋に貼る！」

「へ？　ジャニーズ?!」

「うん、なんか勉強してるとこ、見ててもらえると思ったらがんばれそう」

「そ、そう。おもしろいアイディアだね」

子どもの発想は本当にユニークです。我々が思ってもみなかった解決法を思いつくものです。このHさん、本当に、大好きなアイドルのポスターを貼ったとたん、きっちり机に向かって勉強をするようになったそうです。


問題の要因はたしかにいろいろあります。「あの人がこうしてくれたら」、「もっとこういう状況だったら」と思うことがあります。でも、そういうことを言っていては、問題解決の「答え」があるかどうかは、自分の外部環境しだいということになってしまいます。回りがこうだからできない。これは単なる責任転嫁です。問題は自分で解決できるもの。「答え」は自分で作り出すもの、ということを認識できれば、自分で考えてみるようになります。ですから、コーチは、あくまで自分のこととして考えてもらうようアプローチし続けます。

「あなたはどうしたいと思っているの？」、「その中であなたができることは何？」、「これだったら、自分でもできるっていうことは何？」と「あなた」を主語にして質問するのです。

実は、このHさんですが、ずっと以前から落ち着きがなく、勉強も全くできず、ＬＤ（学習障害）

ではないかと先生に疑われるほどの状態だったそうです。半年間、毎週、Kコーチが電話コーチングを繰り返すことによって、最近はちょっとずつ成績も上がってきているようです。友だちをいじめる、母親に悪態をつくということもなくなってきたそうです。

「Hちゃん、最近、勉強もできるようになったね。ママもHちゃんがやさしくなったって喜んでたよ。Hちゃん、ずいぶん変わったと私も思うよ。何かあったの?」

Kコーチが訊いてみました。

「結局、自分なんだよ。自分が変われば相手も変わるんだよ」

本当に彼女は自分でそう言ったそうです。とても中学二年生の言葉とは思えない、とKコーチも感動していました。「自分で考える」体験を通して、ちゃんと問題解決に必要なセンスを自分でつかみとっているのですね。子どもたちは本当にすばらしいです。

【子どもが自分で考え始めるアプローチ】

・「あなた」を主語にして質問する

「○○さんはそう言っているけど、あなたはどうしたいの?」

「それを変えるために、あなたができることは何?」

「○○さんがそうしてくれるようになるには、あなたがどう言えばいいと思う?」

6「待ってるからゆっくり考えてみて」

～やる人として待つ～

〝バタン！〟

面接室の扉を閉めて、生徒は出て行ってしまいました。

あ～、ダメだ～！　完全玉砕！　キャリアカウンセラー、コーチ、あらゆる資格も経験もプライドもすべてが粉々に砕け散ったような気分でした。残された私は独り、面接室で座り込んでしまいました。「呆然」というのはこういう時に使う言葉なんだ、と妙に感心したりもしていました。

この生徒は、入室から一言もしゃべりませんでした。何を訊いても、無反応。時々、上目遣いでだるそうにちらっと私の顔を見ます。でも、全く声を出しません。「YES、NOで答えられる質問」にかろうじて首を二センチぐらい動かす程度でした。よく見ていないとその反応も見過ごしてしまいます。私はあせりました。「私は、これまで、私のあり方とコミュニケーション・スキルを使って、数々の社会人、生徒たちを力づけてきた人なんだ。この私に心を開かないなんて、そんなことはあり得ない」と変な自負心がありました。

「ねぇ、今日は、どんなこと話したい？」

「就職活動のことで何か考えていることある？」

ダメダメ。こんな答えにくい質問してる場合じゃない。


「今日は何時に起きたの？」

「学校には何で来てるの？」

「家に帰ったら、何してるの？」

う～ん、事実を訊ねる質問でもダメか～。


「勉強は好き？」

「体調は？　悪くない？」

「自転車で来たの？」

ねぇねぇ、どうして、声を出してくれないのよ～？


「話してくれないと、なんか、寂しいなあ～」

「ねぇ、ここにいたくない？」

「話したくないの？」

「教室、戻る？」

この瞬間、生徒は無言で不機嫌そうに立ち上がり、出て行ってしまいました。

面接開始わずか十分での玉砕でした。

傷心の私は、帰宅して、夫にこの話をしました。家族といえども、守秘義務がありますから、学校名や名前など詳しい話はしません。「一言も話してくれない子と出会った。私にはなすすべもなかった。無力感が残った」という話だけをしました。

「なんで？　話させようとするの？」

夫は、時として、私のコーチです。質問をしてきました。

「え？……だって、就職カウンセリングなのに。だいたい、あんなに人と話せない子をカウンセリングによこすなんて、就職カウンセリング以前の問題じゃないかと思うんだけど」

「そうじゃなくて。話させること以外にもカウンセリングの方法はないのかな？」

「え？……」

「何かの理由で話したくないんだったら、何か他に方法はあると思うんだけど……、紙に書いてもらうとか」

「!!」

夫は、時として、私の名コーチです。

「とにかく、話を引き出そう、話させよう、ものを言わせよう」としていた私。「私がカウンセリングをすれば必ず話してくれる。それで話さないこの子はおかしい」と思っていた私。面談の目的はどこかに行ってしまっていました。もう一度、この生徒に会えたら、今度はもっと心を開いてもらえるカウンセラーになれるのに。残念ながら、その生徒にはあれ以来、会えていません。でも、この生徒のおかげで、私は、カウンセラーとしてまた成長しました。心から感謝しています。

「わかりません……」と言ったきり、口を開かない生徒に対して、私はもう矢継ぎ早に質問したりはしません。「なんで話さないの？」とも「話したくないの？」とも訊きません。

「これについてどう思ってるか聴かせて。じゃ、ここに思ったことを自由に書いてみよう」

「待ってるからゆっくり考えてみて」

そう言って、何分でも待ちます。

このまま五十分間の面談時間が過ぎてしまうのではないかと心配になることもあります。

でも、二人の間を流れる静かな空気の中で、私は信じて黙っています。

「だいじょうぶ。この子はちゃんと考えている。こういう場面に慣れていないだけ。だって、本当にイヤだったら、カウンセリングを受けにこの部屋には来ないはず。来ても、出て行くはず。ここにこうして座っているっていうことは、何か自分なりの思いを持っているにちがいない。だいじょうぶ。私は信じる」と心の中で繰り返して待ちます。


十分後ぐらいに、生徒がシャープペンシルを持って、紙に向かいました。

「あの、……これに、書くんですか？」

「うん。書けそうだったら」

「ちょっと、……あんまし、うまく書けない、けど」

「いいよ、メモで。単語でもいいよ。文章でなくても」

「……っていうか、……話したほうが、早い、っていうか」

「あ！　いいよ、いいよ。どっちでも。言えそうだったら、言ってみて」

「あ、はい。……えっと、……」


こんな感動に出会えるので、この仕事は辞められません。一度、信じて黙ってみる。相手の言葉を待ってみる。なんだかパワーがないコミュニケーションのようですが、その効果はかなり絶大です。しゃべらない子どもも、実は自分なりにじっくり考えているのです。ある意味、大人の方が子どもよりもずっと短気です。しびれを切らして、こちらがしゃべってしまうので、子どもは考えるタイミングを失ってしまいます。子どもが自分で考える時間を奪ってはダメです。

【子どもが自分で考え始めるアプローチ】

・沈黙する：時には、じっと黙って相手に考える時間を作ってあげよう

・何も言わない「相手が悪い」という気持ちを脇に置いてみよう

「ゆっくり考えて。待ってるから」

「考えがまとまったら、声をかけて」

「話しにくかったら、これに書いてみて」

×「なんで、何も言わないの？」

×「はっきり言いなさいよ」

×「黙っていたらわからないじゃないか」

第5章　『本当は背中を押してほしい子どもたち』が一歩踏み出し〝行動〟を起こし始めるアプローチ

1「まず十回ぐらい落ちてみようよ」～〝失敗〟のススメ～

「会社訪問しなくちゃ、と思うんですけど、まだ自信がなくて……。もうちょっと面接の練習もしておかないと、多分ダメだと思うんです。私、すっごい緊張しちゃうんです。緊張するとぜんぜんダメなんです、もう何言ってるのか真っ白になって……」

「ふ～ん、そうなんだ。たしかに緊張するよね。……ねぇねぇ、スキーって滑れる？」

「はぁ？……あ、はい。でも、最近はあんまりやらないですね。どっちかって言うとスノボ」

「あ、そうか、最近はスノボなんだね。ま、いいや。そのスキーとかスノボとかって、すぐに滑れるようになった？」

「いや～、……最初は、めっちゃ転びまくってました」

「そう。初めてリフトで上まで上がった時は？　どうだった？」

「う～ん、……ドキドキした」

「どんなふうに？」

「すっごく高いな～って思って。上まで行って、降りてこれるかな。……降りられなかったらどうしよう？　って、感じ？」

「そう。で、どうだった？　降りられた？」

「はい。その時はなんとか……」

「転んだ？」

「もう、いっぱい！　最初の頃は、転んでばっかだから、余計に疲れるんですよね。次の日、もう筋肉痛バリバリ！」

「そっかぁ。私も、そうだったなあ。で、滑れるようになったんだよね？」

「まぁ、何回かやってるとね。転び方もうまくなったりして……」

「そうだね。ドキドキする？　今、リフトに乗ってて」

「え？　いや別に。今はぜんぜん」

「うん。何回か転んできたらいいんだよ、面接試験でも」

「は……？」

「まず、十社落ちてみようよ。受かろうとしなくていいから。練習だと思って、優先順位の低い会社から順番に受けてみようよ。話はそれからだよ」

「はぁ……」

　就職カウンセリングの中で、こんな話をすると、相手は、はじめ「キョトン」としています。でも、「失敗していいよ」と言われているんだとわかると、急に肩の力が抜けていく様子が伝わってきます。

表情がやわらかくなります。

「そうですね。まず、受けてみます。やってみないとうまくならないですよね。もし、受かればラッキーだし」

最初よりもずっと前向きになっています。


子どもたちに限らず、私たちは、極度に「失敗」を恐れすぎだと感じます。そして、失敗を許さない周りの大人の視線を感じます。「それは無理だから、やめたほうがいい」、「ダメよ、ちゃんとやらないと」、「うまくいかなかったらどうするつもり?」、「取り返しがつかないことになるでしょ」。いいじゃないですか、一回や二回や三回や四回、失敗したって。失敗から学ぶことはたくさんあります。失敗からしか学べないこともたくさんあります。

「失敗したらどうしよう?」まだ起こってもいないことをあれこれと心配することで、前向きな気持ちはどんどん失われていきます。失敗したら叱られる。これではますます萎縮します。思い切って行動を起こさないから学習もできない。いつまでたっても、「やったらやれる!」という達成感や自己肯定感を味わえないのです。失敗は決して「マイナス」じゃない。「この方法じゃダメだ」ということがわかった、一つの発見、前進なんです。「じゃぁ、次は他の方法でやってみよう」。こうして、人は成長し、前に進んでいくのです。

コーチである私は、相手が失敗しても、絶対に叱りません。責めません。変になぐさめたりもしません。
「よくチャレンジしたね！」と承認します。うまくいったかいかなかったかは、ちょっと脇に置いて、まず、「行動したこと」を認めます。結果が意図通りでなかったのなら、次にどうすればうまくいくのかをまた話し合います。その結果から何を学んだかを確認します。これが、次の成果につながるのです。行動しなかったら、結局何も学ばないで終わってしまいます。

大人がもっと勇気を持って、子どもに失敗のチャンスを与えてみませんか。「失敗してみよう」と伝えてみませんか。子どもたちは本当は「やらなくちゃ」と思っているのです。でも、行動を起こすことはちょっと怖い。勇気を必要とします。

「だいじょうぶ。失敗しておいでよ」

ポン！　と背中を押してくれるのを待っているのです。

しばらくして、この学生からEメールが届きました。

「ついに六回目で内定もらいました！　落ちてもいいかと思ったら、不思議と緊張しませんでした。せっかくなので、もう少し落ちておいてもいいかなと思ったんですけど、いい会社だったので、ここに行くことに決めました」

「おめでとう。よくチャレンジしたね。五回面接試験に落ちた経験は、会社に入ってから絶対に役に立つよ！　一回目で内定もらった人よりもずっと社会人としての貴重な経験を積んだよね」と、私は返信しました。

元教員だった私のコーチから素敵なメッセージを教えてもらいました。

「人生における最大の失敗は、失敗を恐れ続けることである」

～エルバート・ハバード（アメリカの教育家）～

【子どもが一歩踏み出し行動を起こし始めるアプローチ】

・「失敗するな」と言うより「失敗していいよ」と言ってみよう

「いいよ、失敗しても。練習、練習」

「まず、失敗してみようよ。勉強になるよ」

「最初はチャレンジだから、失敗しても大丈夫だよ」

・たとえ失敗しても、チャレンジしたことを承認しよう

「よくやったね！チャレンジしたね」

「いい失敗だったね。学んだね」

「その勇気があれば、次は大丈夫！」

×「絶対に失敗するなよ」

×「失敗しないように気合入れてやれよ」

×「緊張すると失敗するから、リラックスしていけよ」

2 「ほら、できたでしょ！」
～〝プチ成功〟を体験させる～

「ええ～?!　そんなのムリムリ。絶対できな～い！」

模擬面接をしようとするとだいたいこう言って、グダをこね出す生徒がいます。それにつられて、「げ、まじ?　やりたくね」、「やだ～、ぜぇったいやだ～！」と合唱が始まることがあります。ここが試練の時です。この山をのり越えたところにいつも感動が待っている！

「だいじょうぶ、だいじょうぶ。やってみたら、絶対やってよかったって思うから」

みんなをなんとか配置につかせます。

「じゃ、いってみよう！　はい、まず、学校名と名前を名乗ります。私が一度やってみますね。……私、〇〇高等学校の石川尚子と申します。よろしくお願いいたします。……で、三十度のおじぎ。はい、どうぞ！」

「え?……はぁ～?」

「ま、やってみよう」

「……私、○○、高校、……え？　あ、高等学校、○○○○、です。よろしく、お願いしゃ〜すっ！」

「お、いいねえ！　できたね！　じゃ、もう一回、元気にしゃきっといってみよう！」

「……私、○○高等学校の○○○○です！　よろしくお願いしますっ！」

「すごい！　いいよ！　できるじゃない！　じゃ、これから質問に入ります。……」


おじぎができたら、「ＯＫ、ＯＫ！」

挨拶ができたら、「合格、合格！」

質問に答えられたら、「拍手、拍手！」

一つひとつのチャレンジに対して、「ここまでできたね」と確認し、「できるね」と認めます。いきなり、最初から最後まで完璧にできなくていいんです。最初から完璧にやらないと叱られる、恥ずかしいという気持ちが行動をためらわせます。「どうせ自分は完璧にはできない」という自己否定感は確実に行動を止めます。まずは、低いステップから、チャレンジ。「できるじゃない！」次に少しだけバーを上げて、「ほら、できたでしょ！」次はもう少しバーを上げて、……こうして、「やったらやれるかも！」という感覚をつかんでもらいます。

私の授業を受けてくれた大学生がこんな話をしてくれました。

「中学生の頃、学校の勉強についていけなくなって、塾に通い始めたんだけど、学校で基礎をしっかりやれてないから、塾でもついていけないんですよ。先に進むにつれてどんどん覚えることも多くなって、難しくなって、勉強に対しておもしろさや意欲をどんどん失ってしまって。でも、塾の先生が、ある時をさかいに、ただ塾の方針通りに教えるのではなくて、基礎の基礎から順に教えて、できるまで何度も繰り返しやってくれたんです。小学校の内容からですよ。もう一回教えてくれました。それで、テストではとりあえずやった範囲だけは間違いが少なくなって、わずかでも点が取れたんです。その時は、すっごく嬉しくて、勉強する喜びを感じました。先生も喜んでくれて嬉しかった。もうちょっと点が取れるかも、次もがんばりたい、と思えるようになったんです。勉強して点が取れる喜びを先生は教えてくれました。勉強したいっていう気持ちを引き出してくれたっていうことは、この先生は自分にとってのコーチだったのかなって思います」

ある大学の先生がこんなふうにおっしゃっていました。

「大学、大学院、大学の教員とそのまま教授になった先生たちは、勉強できない子たちの気持ちがわからないんです。勉強における成功体験を全く積んでこなかった子たちがなぜ無気力なのかを理解できないんです」

一般的に、偏差値が低くランクが下の学校になればなるほど、学生の質が低下すると言われています。単に学力が低いということだけでなく、向上心がなく、常に無気力、人生に対してさえ情熱を持てない学生が多いということです。これまで、ずっと「落ちこぼれ」、「ワンランク下」という扱いを受けてきて、「自分にもやればできる」という気持ちを持てないでいるのだと思います。ささやかでもいい、わずかでもいい、昨日よりも今日できるようになったことがあれば、「できたね！」と言ってあげることが、どんなにその子の背中を押すことになるでしょうか。「できた！」と感じられたことが、自分の成功体験となって、前に向かう気力、次の行動を引き出すのではないでしょうか。いきなり、完璧でなくていいんです。何でもいい、小さな成功体験をたくさん積ませてあげること、「やったらやれた！」この喜びと感動をできるだけ体感させること、これが大事なんです。

私たちは、つい、相手に「劇的な成長」を求めがちです。テストの点数が十点以上上がること。クラス順位が十番上がること。ゲームを一切やめて毎日自発的に勉強すること。毎朝、一人で起きて遅刻しないで登校すること。それらの「劇的な変化」はある日突然起こることもあるかもしれませんが、日々のささやかな変化の積み重ねによって起こることがほとんどではないでしょうか。この「劇的な変化」の前にある「ささやかな変化」を見逃してはいけません。ささやかな成長に対して、私たちは「そんなのできて当たり前」と、ついつい高い要求をしてしまいます。でも、金メダリストのマラソン選手も一番最初は、一kmから練習するのです。いきなり、「四二・一九五kmを走れ！」と言われたら、「そんなのムリ」と思ってしまいます。本人も意識していない日々の「ささやかな変化」を見過ごさず、「昨日より五分早かったね！」と認めます。その先にこそ、劇的な変化は存在するのです。

さて、模擬面接を体験する前はあんなにブーブー言っていた生徒たちですが、一通り終わった後は、

というと、

「模擬面接がリアルでよかった」

「一日の中で一番印象に残った。やってよかった」

「今日、模擬面接を体験できたことは有利だと思った」

「やれるかもという自信がついた」

などということに現金な感想をアンケートに書いて、意気揚々と帰っていくのでした。

子どもたちに、日々、ささやかな成功体験、〝プチ成功〟をたくさん体験させてあげてください。


【子どもが一歩踏み出し行動を起こし始めるアプローチ】

・「Baby step」：最初は低いハードルを越えさせて思いっきり承認しよう
・「昨日より今日よくなったことは何か」という視点で相手を見てみよう
「できたね！　すごいね。ここまでできたら次はもっと簡単」
「前よりずっと上手になったね。私も嬉しいよ」
「昨日より五分早いね！」
×「こんなこと、できて当たり前なんだから、調子にのるなよ」
×「ようやくここまできたか。これからが大変だぞ」
×「ぜんぜん成長してないじゃないか」

3「あせるなよ」と「ゆっくりでいいよ」
～〝否定形〟よりも〝肯定形〟～

少年野球チームでサードを守っているM君。普段のプレイはそんなに悪くないのですが、試合本番になると、緊張するのか、つい、エラーを繰り返してしまいます。

「あせるな！　しっかりボールを見て、つかみに行け！」

コーチの声がとびます。

「いいか、あせるなよ！」

そう言われると、ますます萎縮してしまうM君でした。

ある時、またボールがサード方向に飛んできました。

「M、ゆっくりでいいぞ！」

コーチが思わず声をかけました。

この言葉を聴いた瞬間、M君は、落ち着いてボールをキャッチ、ファーストに送球。アウトをとりました。

どうも、「～しないように」という否定形は、私たちを萎縮させ、かえって動きを制限してしまうようです（……という私も、この著書の中でずいぶん「～しないように」という表現を使ってはいますが……）。

よく考えたら、私たちは、学校でずいぶん「～しないように」という言われ方をしてきたように思います。「遅刻しないように」、「忘れ物をしないように」、「人の悪口を言わないように」、「授業中、私語をしないように」、「休み中は遊び過ぎないように」……。

そんな延長で、「あれもダメ」、「これもダメ」……、自然と自分たちの行動に「制限」という枠が作られてきたのかもしれません。

「今週中の宿題、提出遅れないようにね」

「はい。わかってます」

「で、どこまでできたの？」

「ここまでです」

「それじゃ、間に合わないぞ」

「……がんばります」

「って、いつも言うだけじゃダメだよ。言いっぱなしにならないようにね」

「……はい」

「後で時間なくなって、後悔しないいようにいね」

「……はい」

「あれ、元気ないぞ」

すべて否定形で会話されたら、どう思いますか?


「今週中の宿題、間に合わせようね」

「はい。わかってます」

「で、どこまでできたの?」

「ここまでです」

「そう。やってるね!　あとの残りを今週中にやるとしたら、明日はどこまでやろうか?」

「このへんまでかな」

「うん。例えば、ここまでやっておいたら、もっと早く終わると思わない?」

「そうですね!」

「さっさと終わらせちゃおうね」

「はい。じゃ、今日はここまでやっておきます」

「お、いいね〜!」

肯定形を使うことによって、子どものイメージと気持ちは確実に前に向かいます。そうなった時にはじめて、「やってみよう！」と行動につながるのではないでしょうか。

【子どもが一歩踏み出し行動を起こし始めるアプローチ】

・肯定形で要望、質問しよう
「少し静かに聴いてみよう」

「まず落ち着いてやってみてごらん」

「間に合わせるためにはどうする？」
・否定形の要望、質問は控えめに
×「おしゃべりしないようにして」
×「あわててやって雑にしないようには」
×「間に合わなかったらどうする？」

4「どうしてやらないの?」と「何があればやれるの?」
～〝原因追究〟よりも〝解決構築〟～

質問の仕方によって、相手は全く違ったことを言い出す。これが、コミュニケーションの不思議なところです。


「どうして、いつも遅刻するの?」

「だって、朝、起きられないんだもん」

「なんで、起きられないの?」

「……って言われても、眠い。夜、遅いから」

「どうして?」

「さぁ、……なんか遅くなっちゃう」

「どうして、早く寝ないの?」

「いろいろやることあって……」

「何、やってるの?」

「う～ん、……いろいろ。テレビ見るとか、本読むとか」

「なんで、そういうことばっかりしてるの？」

「だって、……」


全く前進しません。

ちょっとだけ質問の仕方を変えてみます。


「どうしたら、いつも八時半に来れる？」

「う～ん、もうちょっと早く起きれたら」

「なるほど。どうしたらもうちょっと早く起きられそう？」

「う～ん、……早く寝る？、ことかな」

「そう。じゃ、どうしたら早く寝られるの？」

「う～ん、夜、テレビを見ない。……でも、見ちゃうな」

「そう。じゃ、何時に起きれば、八時半に来れるの？」

「う～ん、七時半、でいいかな」

「そうか、毎朝、七時半に起きる方法ってないかな？」

「う～ん、起こしてもらう」

「例えば、誰に？」

「親？……でも、いつも起きられないか」

「そう。起こしてもらってるんだ。どんなふうに起こしてもらえたら起きられるのかな？」

「……ああ、友だちに起こしてもらう。それだといいかも」

「誰に？」

「Ａ君」

「どうやって？」

「電話、かけてもらう」

「それだと起きられる？」

「かも。待たしてると思ったら、悪いし。……やってみる」

少しだけ突破口が見えてきます。


とかく、問題を解決しようと思った時、「うまくいかない理由」に焦点を当てて、会話を始めてしまいます。

「なぜ、できないの？」

「なぜ、やらないの？」

残念ながら、日本語の「なぜ？」「どうして？」という疑問詞には、相手の意欲をあまり引き出さない響きがあります。どうしても、できないこと、やらないことを「責められている」という印象を受けてしまいます。そうするともう、「ああ、ごめんなさい。やらない私が悪いんです」という自己否定に行き着くか、「そんなこと言ったたって、こうだからできないんだよ」と言い訳を誘発するか、そんなところが関の山です。

さて、「うまくいかない理由」がわかったところで、問題はそのまま解決に向かうのでしょうか。世の中、すべての理由がわからなくても、うまくいっていることってありませんか。なぜ、私は「自分がやろうやろうとずっと思っていること」がなかなか行動に移せないのか、こういう仕事をしているのにいまだによくわかりません。うまく説明できません。おそらく、時間がないからとか本気じゃないからとか、やりとげる意志が弱いからとか、やらない理由が落ち着く先はそんなところです。

で、それがわかったからといってどうなのでしょう？　わかったからといっても、行動に起こせるものではないのです。だから､私は確実に行動に起こせるためにコーチと約束をします。コーチに､「どこまでやった？」と定期的に確認をしてもらうことにしています。なぜ、やれないのか理由ははっきりわからないけれど、こうしたらやれる。という方法を持っています。このようなことは他にもいろいろあるような気がします。それでいいこともたくさんあるはずです。

もちろん、病気になった時には、何が症状の原因なのかを明らかにして治療をすることは大切なことです。ですから、原因追究が全く無意味だとは言いません。ただ、人の行動を引き出す時には原因追究はあまり効果的ではないような気がするのです。

最近、「ADHD」、「アスペルガー症候群」という言葉が普通に聞かれるようになりましたね。研究が進み、これまで、「ちょっと変わった子」で片付けられていた問題が、深く理解されるようになったという点では重要なことだと思います。しかし一方で、障害名を付けること（＝原因を特定すること）で何か安心してしまっている風潮を私は少し感じます。「この子は、ADHDかもしれない。だから、落ち着きがないし、……」。本当にそうなのでしょうか。障害の種類を明確化して安心することが本来の目的ではないですよね。その子どもがより幸せに生きていくことが大事ですよね。「なぜ、この子はこうなのか」よりも、「どうしたら、この子はより幸せに生きられるのか」。そこに焦点をあてること、これが教育の現場でもっともっと追究されてもいいように思います。

同じ質問をするにしても、未来に向かって、可能なことを訊いていく。そこから、物事をより前進させる発想、行動が引き出せると信じています。

【子どもが一歩踏み出し行動を起こし始めるアプローチ】

・「否定質問」から「肯定質問」へ：

「なぜ、できないの？」⇩「どうしたらできると思う？」

・「過去質問」から「未来質問」へ：

「なぜ、できなかったの？」⇩「今後、できるようにするにはどうしたらいいと思う？」

・「できない理由」ではなく「できること」を訊いてみよう

「いつだったらできる？」

「どこまでだったらできる？」

「誰とだったらできる？」

「何があったらできる？」

「どの方法だったらできる？」

×「どうしてできないの？」

×「どうしてやらないの？」

×「うまくいかないのはなぜ？」

5 「だいじょうぶ?」と「きっとうまくいくよ」
~〝心配〟よりも〝信頼〟~

「自己PRのネタ、見つかった? 午後から模擬面接なんだけど、だいじょうぶ? できるかな?」

ワークブックが真っ白のままの子には、つい、心配になって声をかけてしまいます。

私としては、午後からの模擬面接に備えて、心の準備もしておいてもらいたいというやさしい言葉かけのつもりなのですが、実はこれが逆効果だということがだんだんわかってきました。気がつくと、こういう子に限って、午後からいないのです。「あ~、また脱走された」

ある高校にセミナーでうかがった時のことです。教室に向かう直前、その学校の先生がやさしく声をかけてくださいました。「うちの生徒、けっこう態度が悪くて。我々も苦労してるんですよ。石川さん、だいじょうぶですか?」この瞬間、私の頭の中には、こんな映像が浮かびました。生徒に大騒ぎされて秩序を失った教室で一人、うろたえながらセミナーをやっている自分。「あ~、ちゃんと話せるかなぁ、私」。だんだん弱気になっていきます。緊張感も高まります。

一方、新しいクライアント先での初めてのセミナー。何度となくこういう場を踏んでいるとはいえ、少なからず緊張する瞬間です。この仕事を依頼してくださった研修会社の社長が、始まる直前、私にこうささやきました。「私、この仕事はきっとうまくいくっていう気がするんですよ。石川さんならだいじょうぶです。いつものようにやってください」。この瞬間、私の頭の中には、いつものように楽しみながらのびのびとセミナーをやっている自分の映像が浮かびました。「よし！　今日も私はやれる！」さっきまでの緊張は嘘のように晴れ、むちゃくちゃ強気の私です。

人前で話す直前の講師に何と声をかけるかで、その日の講演の出来が変わるのではないかと感じる出来事でした。

「あ、そっか～。生徒たちも同じ気持ちなんだ」

ワークブックが真っ白の子に対して、私は心配するのをやめることにしました。

「書くより、話してみるほうが簡単な場合もあるしね。書けなくても、○○さんなら、きっとできるから、だいじょうぶだよ」

「ええ～！　やだ～。やりたくな～い。緊張する～」

「そうだね。緊張するよね」（ここは抵抗しないで、ひたすら受けとめる、受けとめる……）

「何、訊かれるかわかんないから、答えられないとやだ」

「そうか。答えられないとイヤなんだ。今日、答えられないとどうなるの？」

「別に……」

「うん、今日は練習だからね。本番で答えられるようにするための練習だね」

「え～、でもやだ～！　みんなの前でやるのは恥ずかしい」

「そうか。恥ずかしいのか。そうだね、ちょっと恥ずかしいかもね。でも、〇〇さんは、きっとやれるよ。私とこうやって会話ができるじゃない。面接って試験というより、初対面の大人との会話だからね。〇〇さんならきっとできる！　やってよかったって後で絶対思うよ。私が保証する！」

「え～?!」


まだ腑に落ちないようですが、このコミュニケーションをとった後は、まず脱走されることはありません。相手の不安な気持ちを受けとめ、相手に対する信頼の気持ちを伝えます。人は、心配されると、たちまち自分のことを小さく考えるようになります。自分の能力に不安を覚えます。反対に期待・信頼されると、「もしかしたら、やれるかも」というささやかな自己肯定感が芽生えます。そして、勇気をもって挑戦したことに対しては、うまくいってもいかなくても、思いっきり認めます。チャレンジしたことを認めます。結果は二の次です。

「緊張したけど話せたね！」

「思い切ってよくチャレンジしたね！」

「初めてでここまでできたらスゴイよ！」

そうしてようやく、自分でも「やったらやれるかも！」という自己肯定感が持てるようになっていくのです。

話は変わりますが、これは、中学校の美術の先生にうかがったお話です。「今回の版画は完成までに四、五時間はかかるかな」と言って始めると、大半の生徒が五時間かけてもできあがらないそうです。「今回の版画は三時間もあれば、皆、完成すると思うよ」と言って始めると、なんと、ほとんどの生徒が三時間以内で完成させてしまうそうです。そして、その仕上がりにどれだけの差があるのかと言うと、五時間以上かけたものも、三時間で仕上げたものも、ほとんど大差ないということです。


「今日は暑いから気分が乗らないと思うけど、気を引き締めてね」

「そんな態度だと友だちに嫌われるから気をつけてね」

「今回は難しいテストだと思うけど、落ち着いて取り組んでね」

相手を心配するあまり、知らず知らずのうちに、「できない方向」に暗示をかけている、ということはありませんか？　同じ暗示をかけるなら、
コーチは「やれる」という暗示をかけます。

「緊張しても自己紹介はしっかり言えるよ！」

「次はもっと簡単にできるよ」

「今度は、○○さんの得意なことをやるよ」

心配する前に、子どもをもっと信頼してみませんか？　子どもが自分自身のことを信頼していなくても、「できる」という暗示にかけてみませんか？　子どもは、きっとその信頼に応えてくれます。まだまだ表に現れていない無限の可能性を見せてくれます。

【子どもが一歩踏み出し行動を起こし始めるアプローチ】

・「君ならできる」という暗示にかけてみよう
「だいじょうぶだよ。○○さんならできるよ」
「できるって顔に書いてあるよ」
「これができた人は必ず合格することになっているんだよ」
・「心配」はかえって行動を止める
×「だいじょうぶ？　できる？」
×「うまくいくか心配だな」
×「失敗したらどうする？」

6「それはすごいよ！　どうしたらできたの？」
〜〝資源〟を発掘する〜

小学校一年生のクラスで、こんな授業をした先生がいました。

「みんなは小学校に入って、もう半年たったよね。小学校に入ってからできるようになったこと、何があるか考えてみましょう。どうだろう？　幼稚園まではできなかったけど、今、できるようになったこと、何かありますか？　はい。思いついた人！」

「はい！」

「はい！」

「は〜い！」

おお、さすがに一年生です。みんな、元気がいい。我先にと、どんどん手が上がります。

先生が、まず一人の児童を指名しました。

「はい。〇〇さん！」

「一人で目覚まし時計で起きられるようになりました！」

「へ〜、それはスゴイね〜。偉いね〜」

　先生はちゃんと認めてくれます。

「自分一人で起きられるようになったんだね」

「はい」

「いつもどんな気持ちで起きているの？」

「そう。今日もお母さんに起こされる前に起きるぞ、って」

「そう。自分一人で起きられるとどんな気持ち？」


「……気持ちいい、です。今日も起きれた、って」

「そう！　みんな、〇〇さんに拍手しよう！」

　わぁ〜〜、パチパチパチパチパチ……。

　にわかに教室は盛り上がります。


「はい。他の人はどうかな？……じゃ、△△さん！」

「逆上がりができるようになりました！」

「逆上がり！　できるようになったんだ！　よかったね〜。ねぇ、△△さん、どうやってできるようになったの？　逆上がり」

「えっと、友だちに手伝ってもらったり〜、たくさん練習しました」

「へぇ、そう。友だちに手伝ってもらったんだ。誰かに協力してもらえるとできるようになるんだね。それから、何回も練習することは大事だね」

「△△さんは、どんな気持ちで練習をしていたの？」

「絶対にできるようになる！　って思ってやりました」

「そっか〜。絶対にできる！　って思って練習するのは大事だね」

「はい。みんな、△△さんに拍手〜！」

わぁ〜〜、パチパチパチパチパチ……。

「はい！」

「はい！　次は僕！」


このクラスは、非常に活気に満ちていました。どの子も、必死で手を上げて、認めてもらうのを待っています。そして、この先生がなさっていることは、「まさにコーチング！」


『相手の成果を確認する』

『どんなささいな成果であっても、相手の成長を心から承認する』

『うまくいった要因に焦点を当て、引き出す』

『うまくいった体験を通して、どう感じたかを思い出させる』

『このやり方で、こう考えてやったら、次もできる、あれもできる、という気持ちを引き出す』

そういえば、ある大学生がこんなことをレポートに書いてくれました。

「小学校の頃、先生から宿題を十問出されて、八問やっていくと、『どうして、あと二問できなかったのか』と訊かれる。八問やっていったことについては、何も言われないで、できなかったことについて追及される。これは何かおかしいと昔から感じていた。どうしたら八問できたかについて訊いていけば、あと二問もできるようになるかもしれないのに、できなかったことを言われるとやる気をなくす」

うまくいったことは、〝どうしたからうまくいったのか〟に焦点をあてて考えていくと、成功要因がたくさん見えてくるものです。つまり、その子の体験の中には、ものすごくたくさんの〝資源〟が詰まっているということです。それらを自分で認識できれば、あらゆる場面でどうしたら成功につながるのかを自分自身で考えることができるようになるということです。

世の中、自分の失敗談は語れるけど、成功談を語れない子どもたちが多すぎます。失敗の分析も大事です。しかし、成功要因をもっと分析して、どうしたらうまくいくかをたくさん知っておくことの方がすばらしいことだと思いませんか。「こうすればうまくいくんだ」というものが自分の中にあれば、失敗を恐れず行動し結果を生み出せるようになっていくのです。

【子どもが一歩踏み出し行動を起こし始めるアプローチ】

・うまくいったことを訊いてみよう。
「それはどうやったらやれたの？」

「どんなことをしてみたの？」

「その時、どんな気持ちでやり遂げたの？」
・自分の中の〝資源〟を思い出させてあげよう。
「この方法でやってみたら、またやれそうだね」

「その時の気持ちがあればできるね」

「それをやり遂げたんだから、今度もできるよね」

第6章 『無限の可能性を持っている子どもたち』が未来に向かって〃夢〃を描き出すアプローチ

1「こうなったら〝超サイコー！〟っていう状態は？」
～未来を明るく語ってもらう～

「現実は厳しい」、「世の中しょせんこんなもんだ」、「自分の力には限界がある」という枠を作ってしまっている子どもたちとどうすれば前向きな話ができるのか、私はずいぶん悩みました。「せっかく無限の可能性を持って生まれてきたんだから、自分なりの夢を描こうよ」などと言ったところで、冷めた子どもたちには「ウザい」と言われて終わりです。


「就職したいって思ってるんでしょう？　行きたい会社、一緒に探そうよ」

「だって、行きたいところの求人なんて、うちの学校には来ないんだもん」

「それだけ初対面の私と話せたら、面接試験もバッチリだよ！　できるよ」

「でも、本番では絶対緊張して、もう真っ白になってテンパっちゃう」

「自分でちゃんとやることわかってるじゃない。あとはやるだけだね」

「わかってるけど、なんかやる気出ない。なんでかわかんないけど」

「うまくいかない理由」を考えさせたら、大人も子どもも負けないくらいクリエイティヴです。目の前の現実の話をしていても、

「だって」

「だけど」

「って言われても」

逆接の接続詞しか引き出せないことがあります。

そんな時は思い切って、ずっと先の未来のことを話してもらうようにします。

「ねぇねぇ、○○君が、将来こうなったら〝超サイコー！〟っていうのはどういう状態？」

「はぁ？……」

「就職活動をするかしないかは置いといて、将来、どんな社会人になっていたいか自由にしゃべってみようよ」

「え、……そんなの、わかんない」

「どんな仕事していたい？」

「……できれば、好きなことだけしていたい」

ここで決して、否定しない！

「好きなことって、例えば？」

「え？　仕事はしたくない。ゲームとか、友だちと遊ぶとか」

「なるほど、なるほど。で、他には？」

「え？　別に……」

「〝超サイコー！〟っていう状態だよ。ゲームと友だちだけでいいの？」

「う～ん、とにかく親からいちいち言われない生活」

「うんうん、他には？」

「お金がいっぱいあって、好きなものを買う」

「うん、いいねえ。何買うの？」


「で？　どんなところに住んでいるの？」

「どんな服装しているの？」

「どんな車に乗ってるの？」

「どれぐらいお金持ってるの？」

「朝起きて、まず何してるの？」

「みんなから何て言われてるの？」

何を言ってもこの人はおもしろがって聴いてくれるぞ、ということがわかると、けっこう調子にのって話し出します。

〝大企業の社長になる〟、〝三億円の家を建てる〟とまで言い出す子も現れます。

「いいね～！　実現しようよ」

「ええ～?!　そんなのムリ～！」

「ムリだったら、今、思いつかないよ。実現可能だから自分の中から出てくるんだよ」

さっきまで冗談に冗談で返すような話し方をしていた私ですが、この言葉だけは真剣な声で伝えます。

「え～?　ホントに～?」

私の真剣な表情にまんざらでもない反応を示します。

「うん、本当だよ。未来は思い描いた通りになるよ。○○君が、どうなりたいと思っているかが、これからの人生を作っていくんだよ。こうなったらいいなと思っていたら、そっちの方に行く。こうなったらヤダなと思ったら、そっちの方に行っちゃう。だから、どこに行きたいかをいつも考えておくのは大事！」

「え?　ホントに行けるんですか?　ホントに?」

「うん。行ける」

「どうやったら？」

「だから、それを考えるためにこの就職カウンセリングをしているんじゃない。今、しゃべってくれた〝超サイコー！〟っていう状態になるための方法を今から一緒に考えようよ。言っとくけど、〝できる〟っていう前提で考えてね。そうしたら実現するよ」


いささかゲリラ的なカウンセリングかもしれません。しかし、お互いに暗い顔をして「できない理由」を挙げていても仕方がありません。楽しくないうえに何も前進しません。現状の枠の中で動けなくなっている子どもたちに、「未来は明るいかも」という新たな絵を見せることは、前向きな発想、言動を引き出すうえで、意外と効果があるものです。

【子どもが未来に向かって夢を描き出すアプローチ】

- 何の制約もつけずに自由に夢を語らせてみよう
- 〝夢を実現する人〟として会話をしてみよう
  「全部思い通りになるとしたら、将来、何をしていたい？」

  「どんな状態になれば最高って思う？」

  「こうなったらいいなっていう状況を一緒に考えてみよう」

2 「やらないとまずいよ」と「これができたらどんな気持ち？」
～〝危機感〟よりも〝ワクワク感〟～

十一月、十二月になってもまだ就職活動を開始できない生徒はけっこういます。高校生の場合は、九月中旬から採用活動がスタートしていますから、早い子はもう「内定」をもらっている時期です。


「今まで、どんな活動してきたの？」

「え。まだ、全然。……何もやってません」

「あんた、何、のん気なこと言ってんのよ！　もう十一月だよ。さっさとやらないとまずいでしょ！」

思わず、言いたくなります。でも、私は言わないことにしています。もう、おわかりですよね。言っても、この子の前向きな行動は引き出されないからです。お互いにとって意図に沿わないコミュニケーションは極力避けるようにします。


高校生の前で、「就職セミナーを受けるにあたっての心がまえ」を述べてくださる先生や役所の偉い方のお話をお聴きしているとだいたいこんなトーンです。

「皆さんを取り巻く就職環境はとにかく厳しいです。求人数は年々減り、有効求人倍率も過去最低です。早い時期から相当の努力をしなければ、内定を勝ち取ることは難しい状況です。今日はその厳しい就職活動を乗り切るために、ぜひとも石川先生のお話をよく聴いて、気を引き締めて勉強してください」

おっしゃっていることはすべて正しいです。世の中は、たしかにおっしゃる通りの状況です。でも、そう言われて、「よっしゃ！　がんばるぞ」と思える生徒は実は非常に少ないのです。「うぇ～、そんなに難しいんだったら、自分にはムリ。内定なんてどうせもらえない。フリーターでいいよ」と最初から思ってしまいます。ただでさえ、自己肯定感の低い子どもたちを見ていると、危機感で人を動かすには限界があると感じます。

なかなか前向きにならない生徒には、やはり、「なぜ、やらないのか」ではなく、「それをやったらどうなるか」を訊いてみます。

「ねぇ、年内に内定決まったらどんな気持ち？」
「え！　それはもう、ラッキー！　って感じ？　安心して卒業まで遊べる」
「そうだね。もし年内に決まったら、卒業まで何して遊びたい？」
「うーん。いろいろ。友だちと遊びに行く。あと、車の免許、取りたい」

「あ、いいね！　免許、取れたらどこ行きたい？」

「うーん、海を見にドライブって感じかなあ」

「いいね。楽しそうだね。海を見ながらドライブできたらどんな気持ち？」

「もう、超ソーカイ！って感じ？　あ～、早くクルマ乗りて～」

「いいねえ～。じゃ、早いとこ、内定もらってしまおうよ」

「うん、そうっすね」

「じゃ、まず、何からやってく？」

「受けるとこ、決める」

「うん、それから？」

「っていうか、まず、どんな求人があるか見に行かないと」

「やらないとまずいよ」と言うよりは、よっぽど話が前に進みます。

「これができたらどう思う？」という質問は、話が後ろ向きになりそうになるとよく使いました。自分が行動を起こした先にある〝ワクワク感〟に焦点を当てて話をした時、生徒たちは未来に対して前向きになれるようです。


本来、私たちは、子どもの頃から危機感で動いているわけではありません。本当に小さな子ども時代は、ワクワクする気持ちに突き動かされて、遊びまわってきたはずです。「よし、やる気出して遊ぼう！」などと、わざわざ気合いを入れなくても遊べたはずです。その時の気持ちをときどき思い出させてあげないと、今、子どもたちは、「〜しなければならない」という気持ちでがんじがらめになっています。これでは前向きな行動も夢も生み出せません。「行動を起こした先には、こんないいことがあるかも！」という気持ちを呼び起してあげることはとても大事な要素だと思いませんか。

【子どもが未来に向かって夢を描き出すアプローチ】

・目標を達成したイメージ、気持ちを語らせてみよう
　「これができたら、どんな気持ち？」

　「試験が終わったら、何したい？」

　「出来上がったら、誰に見せる？」
・危機感を煽る言い方（＝脅し文句）は萎縮を招くだけ
　×「気合い入れてやらないと失敗するぞ」
　×「勉強しないとまた叱られるよ」
　×「このままだと最悪の結果になるぞ」

3「それができたら、次はどうする？」
～ゴールの先にあるものを見せる～

こんな実験をした人がいました。子どもたちに、「ちょっと難しいと思うけれど、五円玉を立ててごらん」と言うと、なかなかすぐには、皆、立てられない。最初から立てられる子は、半分以下ぐらいでしょうか。しかし、「五円玉を立てたら、次はその穴に爪楊枝を通してみて」というリクエストをすると、短時間で半数以上の子どもたちが五円玉を立てるところまではできたそうです。この「五円玉を立てたら～、次に」というリクエストの背景には、「五円玉はまず（簡単に）立てられる」という前提が埋め込まれています。

子どもたちは、五円玉を立てることは当然できるものととらえ、その先にあるゴールの方を見ています。「これは簡単なこと、すぐできること」として取り組んでいると、実はそんなに苦労なくできることがけっこうあります。しかし、なぜだか、私たちは大人も含めて、物事を自分で「難しいもの」と思い込んでしまっているところがあります。「難しいと思うけれど」と言って始めると「難しいもの」と相手も最初から思ってしまいます。

「○○高校はやめます。多分、ムリです」

「どうして？　あきらめるのはまだ早いじゃないか。がんばればなんとかなるかもしれないぞ」

M先生は、中学三年生のA君の進路相談をしていました。

「いや〜、やっぱ、しんどいです」

「そうか。……A君、将来、何やりたいと思ってるんだ？」

さすが、コーチングを学んでいるM先生です。相手のゴールを質問しました。

「え？　ずっとサッカーやってるから、プロのサッカー選手になろうと思ってましたけど、今は難しいかな〜と思って。……よくわかりません」

「そうか。ねぇ、○○高校うかったら、サッカー部入るんだったよな？」

「え、ああ。あそこのサッカー部、一番強いですからね。プロにも行った人いるし。いいかなぁ、と思ったんですよね」

「そうだよね。○○高校のサッカー部入ったら、次、どうする？」

「え？……次って？　いや、もし入れたら、もうめちゃがんばってレギュラーなります。意地でも。で、全国大会に行って、……」

「うん、うん。いいねぇ」

「レギュラー、なれたらいいですね〜」

「そうだね。なれるよ。将来、プロになるんだろ！　○○高校入って、プロに行こうよ！」

「そうですね。先生、○○高校、うかるでしょうか？」

「うん、今から勉強すれば、まだまだ大丈夫だ。やろうよ」

「はい！」

　半年後、この生徒は、見事、第一志望の高校に合格したそうです。


　コーチ側が、「難しい課題」と思ってしまうと相手も「難しい」と思ってしまいます。「そんなの簡単だよ」というところにいると、相手も「やろうとしていることはそんなに難しいことじゃないかもしれないな」と思えます。「今、難しいと思っていることは、その先にあるもっと大きなゴールの通過点に過ぎないんだよ」ということを認識させてあげれば、「ちょっとチャレンジしてみてもいいかも」と思えます。

　歯を食いしばって、血のにじむような努力をして結果を出す時代は終わりました。軽やかに行動を起こして、軽やかに結果を出し、軽やかに夢を叶える。これが、コーチングで可能になるのです。目の前のことはそんなに難しくない。その先にもっと大きなものがある。と思えたら、「やれるかも」という許可が本人の中で出ます。これが結果を作るのです。結果が出ないのは、能力の差というよりは、やってみたらやれることなのに、「必死でがんばらないと達成できない難しいもの」という枠にはまっているからなのです。

「それができたら、次はどうする？」

それは「できるもの」という前提で話してみませんか。子どもたちの夢はもっと広がります。

【子どもが未来に向かって夢を描き出すアプローチ】

・ゴールの先にあるものをイメージさせてみよう

「その後はどうしようと思っているの？」

「それを達成した後にやってみたいことは何？」

「次のことも考えておこうよ」

4「へぇ～、おもしろそうだね！」
～〝夢〟は決して否定しない～

就職セミナーの休憩時間に、一人の高校生が話しかけてきました。さっきの演習でお互いに少しコミュニケーションをとったので、話をしてみようと思ったのでしょう。進路のことで悩んでいるようです。

「親は就職しろって言うんだけど〜、ちょっと迷ってて〜、……」

「迷ってるんだ。どんなところで迷っているの？」

「あの、私は、ホントは声優になりたいんですけど、親は、そんな現実的じゃないこと言ってないで、就職のこと考えろって、……」

「へぇ〜、声優になりたいと思ってるんだ〜。おもしろそうだね〜」

「う〜ん、でも、親は、ムリだ、って言うしぃ、……」

この手の話はけっこう多いものです。

「そうかぁ。ねぇねぇ、〇〇さんが、声優になりたいって思った理由は何なの？」

「え？……なんか楽しそう」

「うんうん。楽しそうだね。他には？」

「私、アニメとか好きなんですよね」

「うんうん。それで？」

「見てるとめっちゃおもしろくて、元気になれるっていうか」

「へぇ〜、そうなんだ」

「私も人を楽しませるようなことをしたい、って感じ？　人と話すの好きだし……」

否定しないで聴いてあげるとどんどん話してくれます。その子の気持ちがどんどん出てきます。

「じゃぁ、〇〇さんは、自分も楽しめて、自分が話すことで人を元気にする仕事がしたいんだね」

「そう！　そんな感じ」

「例えば、人を元気にする仕事って、他にもいろいろあるよね。例えばだけど、医療や介護関係の仕事とか」

「あ！　私、そういうの興味あるんです。うち、おばあちゃん、いるんだけど、小さい頃から、おばあちゃんっ子でお年寄りと接するのはけっこう好きなんですよね」

「へぇ、そうなんだ。そういう仕事の中で、声優のようなことってできないかな？」

「え～?!　そんなの、あり～？　そ～ですよね～。……本を読んであげるとか、演劇とかして楽しませてあげる？」

「あ、いいねえ～。おもしろそうだね～。そういうことできる介護スタッフの人って、人気者になれそうだね。そのうち、おもしろいスタッフの人がいるよって、本当にスカウトされるかもね」

「ええ～？？？……でも、……、わかってるんです。私。声優には簡単になれないってことは。わかってるけど、頭から、それはムリとかって否定されると、もう他のこともやる気なくなってしまって。そんなに、はじめっから、ムリとかって言わなくても……」

本音がどんどん出てきます。

「〇〇さんが、ほんっと～に、声優になりたいと思うんだったら、いつかなれるかもしれないよ。いったん就職した後でも、どんなチャンスがあるかわからない」

「そういえば、前にOLだったっていう声優さんもいます」

「そう。楽しみだね～。これから」

「はい。ありがとうございます！　就職のこと、介護方面でも考えてみます」


我々がこんなやりとりをしていたのは、わずか十分弱です。休憩時間でしたから、二人とも黒板の前での立ち話です。明らかにふっきれたような彼女の顔を見て、私も嬉しくなりました。

この子はちゃんとわかっている。声優という職業が、自分にとってはとても遠い存在だということを。でも、その気持ちをしっかり受けとめてもらえたのなら、ちゃんとどうすればいいのか自分で考えられる。希望も見出せる。夢は今、叶わなくてもいいのです。でも、夢を描くことは大切にしてほしいと私は思います。あきらめなければ、いつどこでどんな形となって実現するとも限らないのが夢です。それだけの可能性を子どもたちは秘めた存在なのです。大人に「そんなのムリ」と決める権利は何もありません。

「今どきの子どもは夢がないよね」とぼやいている大人が、子どもたちの夢を奪ってきたのです。子どもの夢は否定しない。どんなに突拍子もないものでも、決して否定しない。興味を持っていったん受けとめてください。お願いしますよ！

【子どもが未来に向かって夢を描き出すアプローチ】

・子どもの夢は否定ないで一度じっくり聴いてみよう
・子どもの夢に興味を示してあげよう
　「へぇ、おもしろいこと考えてるね」
「聴いているとワクワクしてくるね」
「すごく大きな夢だね」
×「そんなのできるわけないじゃない」
×「夢みたいなこと言わないで」
×「もっと現実的なことを考えようよ」

5 「本当にやりたければ、いつかやれるよ」

～〝夢は叶えるもの〟と伝える～

動物行動学者のジェーン・グドール博士という方をご存知でしょうか。この方は、アフリカで野生のチンパンジーの研究に長い間携わり、世界で初めてチンパンジーが道具を使うことを発見した著名な研究者です。この方のお母様がとてもすばらしい方なのです。

ジェーン・グドールさんは、幼い頃から動物にとても興味を持っていました。四歳の時、おばあさんの農場に遊びに行き、ニワトリがどうやって卵を産むのか観察したいという衝動にかられました。ニワトリ小屋に入り、藁の中に隠れて、じっと、ニワトリの足の間から卵が降りてくるのを待ちました。四歳の時に、このような行動に出るのですから、天性の動物行動学者だったのだと思います。いつ産まれてくるのかと待つこと四時間、とうとうその場面に出会うことができました。出てくる卵を見た瞬間、これはすばらしいと感動したそうです。この感動を伝えたいという一心で、母屋の方へ走っていくと、母屋では四歳の子がいなくなったと大騒ぎをしています。幼い子どもが四時間も行方不明になっていたわけですから、警察に捜索願を出すほどの騒ぎです。しかし、ジェーン少女は、そんなことは知ったこっちゃない。一目散にお母さんの元にたどり着くと、今見てきた感動的な光景について必死に説明を始めたそうです。さて、ここで、私たちがこのお母さんだったら、どんな反応をするでしょうか？

「あんた、どこ行ってたのよ！　みんな、心配したのよ！　黙って勝手にどっか行くんじゃないわよ！」ついつい、怒鳴ってしまいたくなります。

ところが、このお母さんは違いました。

「お母さん、あのね、さっきね、ニワトリ小屋でね、卵が産まれてくる瞬間を見たんだよ。その時はね、こんなふうにね、……」必死で話すジェーン少女の話に耳を傾け、一言も叱りませんでした。

「へえ、そんなことがあったの。へえ、そんな瞬間を見たんだ」

とにかく全部聴いたというのです。

ジェーンさんが十歳になった頃、「ジャングルブック」という本にのめりこみます。そういう世界が好きだったのですね。

「お母さん、私、大きくなったらジャングルに住みたい」

などと言い出す始末です。

コーチングを学ぶ前の私だったら、

「あんた、何言ってんの。そんな所に住んだって、楽しくないわよ」

と、言いそうです。

しかし、ジェーン少女のお母さんは、

「そう、住めるかもしれないわね」

と受けとめます。友だちにもそんな話をしますが、友だちからは
「非現実的なことを言ってないで、まっとうなことを考えようよ」

と言われます。

でも、お母さんだけが、

「あなたが本当に行きたいのだったら、その夢を大事にしなさい。本当に行きたければ、いつかその夢が叶う時が来るかもしれないよ」

と言いました。

学校を卒業していったん就職しますが、そのうちにアフリカの方に手伝いに来てくれないかという話が舞い込みます。その話を持ってきてくれた動物行動学者の秘書になり、ついには動物行動学者の道を歩むようになります。本当にこのお母さんの存在が、今のジェーン・グドールさんをつくっているのではないかと思います。

「あんた、何、言ってるのよ。そんなことできるわけないわよ」

と頭ごなしに言うことが、もしかしたら、その子の可能性をつみ取っていることになっているのかもしれません。

そもそも「実現する力があるから、夢は思い描けるもの」という言葉すらあるぐらいです。誰もが夢を実現できる力を持って生まれてきている。それなのに、成長していく段階で、「そんなのムリ」、「夢みたいなこと言ってんじゃないよ」という洗礼を受けて、力を封じ込められてしまう。今、夢を叶えてワクワクしながら生きている大人たちは、きっと、この力をおさえつけられない環境で育てられた稀有な存在なのかもしれません。子どもたちに、まず自由に夢を語らせてみませんか。そして、それは叶えるものだと伝えてみませんか。ひょっとしたら、未来の……。

【子どもが未来に向かって夢を描き出すアプローチ】

・相手を力づけるメッセージを使おう

「本当にやりたかったら、叶えられるんだよ」

「やるって決めたらやれるよ」

「思い描いたことは本当になるんだよ」

×「夢と現実は違うよね」

×「夢を叶える人は特別な人なんだ」

×「夢を実現するのはそんなに簡単なことじゃないよ」

6「仕事はめちゃくちゃおもしろい」
〜コーチが常に熱い存在でいる〜

昨年、四十年以上仕事を続けた父がついに現役を引退しました。私が物心ついた時に、父は銀行の人事部で行員研修の仕事をしていました。当時の私は、「大人になってからも試験や勉強があるなんてたいへんだなあ」などと思いながら見ていました。そして、今、研修講師となった私が、当時の父と同じような立場の方がたと一緒にお仕事をする機会をいただいていることには、何か不思議な因縁を感じています。父は各支店の支店長や役員を経験して金融業一筋に勤め上げました。

私が何歳の頃だったのかはっきりとは思い出せません。将来何になりたいかなと考え出した小学校高学年か中学生ぐらいの頃だったかと思います。今でも、鮮明に覚えている父との会話があります。


「お父さん、銀行の仕事っておもしろい？」

「ああ、おもしろいよ。ものすごくおもしろい」

「へぇ。どんなとこがおもしろいの？」

「人から預かったお金でものすごく大きなことがやれるのが銀行なんだ」

(というようなことを父は言ったと思います。ここだけは曖昧な記憶です)

「ふ〜ん。ねぇ、今まで、銀行辞めたいって思ったことない？」

「ない！」

「うっそ〜?! 一度も？ 一度もないの？ 他の仕事してみたいと思ったことないの？」

「ないね」

「なんで?」
「銀行の仕事はものすごくおもしろいんだ」

父はもしかしたら、強がりでそう言っていたのかもしれません。長い職場生活の中で、少なからず辛い思いをしたこともあったのではないか、と子供心に感じることも実際ありました。しかし、父は断言しました。一瞬の躊躇もない言葉でした。この言葉が、今の私の仕事観に大きな影響を与えていることは言うまでもありません。

父は、家族の前で、仕事や会社の愚痴を言ったことが一度もありませんでした。いつも「仕事はおもしろい」と言い続けていました。銀行の仕事に誇りを持っていました。実際、父は本当に銀行の仕事が好きだったのだと思います。こういう父を見ながら育った私は、「仕事はおもしろいものなんだ」と思いながら社会人になりました。そして、今でも、「仕事はおもしろい」と思って続けています。おかげで、周囲からは「家庭は大丈夫ですか?」と心配していただくほどののめり込みようです。

就職セミナーでも生徒たちに熱く語っている私がいます。

〝仕事はね、自分の枠をものすごく広げてくれるもの。自分の可能性をどんどん大きくしていってくれるもの。今までできなかったことができるようになる喜び、この喜びを仕事をしていると何度でも味わえるんです。これを味わうともうヤミツキ! 仕事はめちゃくちゃおもしろくなっていきます。

仕事はほんっとにおもしろい！　そう思って、私は今この仕事をしています〟

そうすると、感想アンケートに生徒たちはこんなことを書いてくれます。

「仕事をするのって、たいへんそうだと思っていたけれど、けっこうおもしろそうかなと思った」

「就職するのはちょっとイヤだったけど、就職活動をしてみてもいいかなと思えた」

「石川さんみたいに〝仕事はおもしろい〟と言える大人になりたい」

当たり前のことですが、子どもたちは大人を見て育ちます。その大人が、常に疲れた顔をしている、愚痴をこぼしながら生きている、暗い顔をして重い足取りで仕事に行く、そんな姿を見ていて、「社会に出たい」と思えるでしょうか。できることなら、家の中にずっと引きこもっていたほうがよっぽどましだ、そう思ってしまう気持ちは、あながち特別なことではないようにも思えます。つらい、疲れた、憂鬱、イライラする、心配だ、そんな顔をした大人を見ながら、「夢を持て」と言われても、それはムリな注文なのかもしれません。

あなたは、今、自分の夢を持っていますか？　夢に向かってチャレンジしていますか？　チャレンジしながら失敗もしていますか？　毎日、イキイキと生きていますか？　自分が好きですか？　自分の仕事が好きですか？　子どもたちからあこがれられる存在ですか？　この人と話をしてみたいと思わせる人ですか？　この人の話を聴いてみたいと思わせる人ですか？　この人と話をしたら元気になれる、成長できると思わせる人ですか？

まずは、大人が熱く夢を語らなければ、子どもたちは夢を持てない。本当に子どもたちを前に向かって動機づけるのは、特別な教育プログラムや手法ではなく、大人がモデルでいることなのだと思います。常に熱い存在でいることなのだと思います。私は、自分自身がイキイキと輝いて生きることで、これからも、子どもたちに、夢を描くことの大切さ、世の中の楽しさ、仕事のおもしろさを伝えていきたいと思っています。

【子どもが未来に向かって夢を描き出すアプローチ】

・まず自分が仕事のおもしろさを熱く語ってみよう
「この仕事はこんなにおもしろいんだよ」
「こうしてみんなと話していると本当に楽しいんだ」
「こんなにやりがいある仕事はないと思ってる」

・子どもの前で愚痴を言うと、子どもも夢を持てなくなる
×「いつも忙しくて疲れるよ」
×「やることが多すぎてこっちもたいへんなんだよ」
×「君たちがこうしてくれれば助かるのに」

第7章 『これからの世の中を変えていく子どもたち』からもらった感動

1「この学校って、変ですよね」
～先生が忘れてしまった感性～

日々、生徒、学生の皆さんと接する中で、私は社会人の方がたと接していたのでは体験し得ない感動をたくさん味わうことができました。こんな高校生がいる、こんな大学生がいる、皆、ただ単に無気力で何も考えていないわけじゃない、そのことを広く伝えたい衝動に駆られました。この章では、私が出会ったすばらしい子どもたちとの感動をほんの一部ですが紹介したいと思います。

北海道内のある地方の高校に、カウンセリングに行った時のことです。その日も風が強く、たいへん寒い日でした。学校の建物は想像以上に冷えます。冬場の学校訪問の必需品、使い捨てカイロをこんな日に限って忘れてきてしまいました。

休憩時間、両手をさすりながら、次の時間にカウンセリングする生徒の記録シートを確認していました。「あ～、つい最近、面接試験落ちたのか～。この学校の子はコミュニケーション能力低いって先生おっしゃってたし、……うまく話せへんかったんかなぁ。どんな子かな。落ち込んでんのかな。

なんて励ましたらいいんだろ」

　そうこうしているうちに、チャイムが鳴り、生徒が入ってきました。なかなか元気な子です。いい感じです。いつものように、私は、相手の緊張感をほぐすため、自己紹介をして挨拶し合いました。

「ごめんね～、この部屋寒いでしょう？」

「ほんっと、寒いっすね」

「五十分間、我慢してね」

「はい、だいじょうぶです」

「十一月にならないと暖房入れないことになってるって、さっき先生がおっしゃっていたので、仕方ないよね」

「……それって、なんか変じゃないですか？」

「へ？……変？」

「だって、僕らのために、わざわざ札幌からカウンセリングに来てくださっているのに、こんな日に暖房入れないなんて、この学校、変ですよ！」

　脚色ではありません。本当にこの通りこの生徒は言いました。

　私はしばらく、マジマジとこの生徒の顔を見つめてしまいました。いろんな感情がこみ上げていました。高校生ながら、君のその発想はいったいどこから来るのか？　初対面で、こんなにしっかりコミュニケーションがとれて、〝お客様第一の心〟を持っている君でさえ、内定をもらえない世の中なのか……。第一志望の会社に内定をもらえなかった悔しさを受けとめながら、私は「君ならきっと次はだいじょうぶ！」を十五回ぐらい連発していました。

高校生、大学生は、集団になると、まるで「みんな同じ」に見えます。たしかに、同じように、無気力で、覇気がなくて、世の中を斜めから見ているように見えます。でも、そう見えるだけです。人は、かたまりで見てはダメです。一人ひとりみんな違います。一人ひとりと向き合えばとても熱いものを持っています。こんな、大人でさえ麻痺してしまっている大事なことに意識が向く生徒もいます。

子どもをあんまり「ダメだ、ダメだ」って言わないでください。「ダメな子どもだから指導しなきゃ何もできない」と思わないでください。向き合って話せば、「宝」のような子どもばかりです。「この子の中には、資源がたくさん詰まっている。宝物をたくさん持っている」という目で一人ひとりを見てください。きっと光り輝くものが見えます。そして、そういう目で見てくれる大人を子どもたちは敏感に嗅ぎ分けています。「問題の多い子」そんな目で見る大人に子どもは決して心を開きません。子どもをどういう存在として扱うか、ここが、どんな言葉を言うかよりももっと大事なことだと思っています。

2「あの時はものすごくがんばった」
～話し出すと止まらなくなる瞬間～

口数少なく、だまったままだった子が、突如として、堰を切ったように話し出す瞬間があります。こんな場面に出会えると、心から「この仕事やっててよかった！」と思います。どんな瞬間に話し始めるのか。私は子どもたちと接する中で、一つの法則を発見しました。


「高校で一番、がんばったことは何かない？」

「別に～……、何もな～い。よくわかんない」

「勉強は？　がんばった科目は何？」

「え～？、特にな～い」

「じゃぁ、部活は？　何かやってた？」

「部活には入ってなかったし～」

「アルバイトは？　何かした？」

「あぁ、新聞配達……」

「そう！　それはすごいね！　どれぐらいやったの？」

「高校入ってからずーっと」

「それ、すごいよ！　毎日？」

「そう。毎日四時に起きて、一日も休まずやった」

「それはすごいよ！　すごいことだよ」

「え～？　別にたいしたことじゃないけど～」

「そんなことないよ。なかなかできることじゃないよ。だって、大雪の日も風邪ひいた時も休まずやったんでしょ？」

「そうそう‼　雪の時、しんどかったけど……、熱ある時もがんばって……」

　こうして質問を投げかけていくと、突然、嬉々として自分がどんなにがんばったのかを語り出すのです。自分の〝いいところ〟に気づいた瞬間。この瞬間、子どもは急に輝きを放つように見えます。キラッと光ります。そして、突然、今までとは別人のようにワークブックにガシガシと自分のＰＲポイントを書き込み始めたり、自分からこちらに向かって話しかけたりしてきます。この場面は、それはそれは感動的でやみつきになります。

　この場面に出会ったことが、この本を書こうと思った私の原点かもしれません。すばらしい資源を自分が持っていることに気づいていない子どもたちがこんなにたくさんいるのは、とてももったいないと感じました。自分を「何もできない。何もいいところがない。価値がない存在」ととらえている子どもたち。でも、ひとたび、「自分も捨てたもんじゃない」と気づいた瞬間、「やったらやれるかも」と思えた瞬間、子どもたちは変わります。いえ、「変わる」のではなく、本来の自分に「戻る」と言った方が適切かもしれません。自分の中に可能性を見出せた時に、子どもたちは輝き、行動を起こし始めるのだと実感します。

大学で心理学を学んでいる学生が、コーチングの話を聴いて、こんなコメントを書いてくれました。

「自分に自信を持たせること、自分の能力に気付かせてあげること、ありのまま、今のままの自分がすばらしいと感じさせてあげること、それがコーチングの持つ要素であると思った。私にも、人にほめられ、今の自分に自信が持てるようになったという経験がある。今まで人にほめられるという経験があまりなく、当初は戸惑い、過大評価し過ぎだろうと相手を多少疑ったりもした。だがほめるというのは魔法のようなもので、徐々にではあるが、自分に自信をもてるようになったのを覚えている。自分に自信が持てるようになると、不思議なもので、物事を前向きにとらえられるようになる、笑顔が増える、行動的になるなど、ポジティヴな面が増えてくるものだと実感した」

子どもたちの前向きな行動を促すために大事なことは、正論を納得させることでも、将来の危機感を煽ることでも、罰則で強制することでもありません。「自分もやったらやれるかも」。この気持ちを持たせてあげることです。それだけでもうやれる力は、その子の中にもともと備わっているのです。

3「○○ちゃんって、超明るいよね～」

～〝ここがあなたのいいところ〟と言ってくれる存在～

就職セミナーの『自己PRを考えよう』の時間、高校生同士が話しているのをそばでじっと聴いていました。


「あ～、自己PRなんもないよ～。書くことないよ～」

「え？　なんかないの～？　あるって！」

「ないよ～。がんばったことぜんぜんないし～」

「絶対あるって！　あるって考えたら見つかるって。なんかないの？」

「ないよ～。ぜ～んぜんない！」

「ほら、一年のときから体操部でがんばったことは？」

「がんばってないよ～。練習、まじめに出てなかったし～」

「Aちゃんのいいところは～……、そうだねー。超明るいとこだよ！」

「そんなの普通過ぎて、ぜんぜんPRじゃないよ～」

「なんで？　Aちゃん、友だち多いやん。いろんな子の相談にいつものってたし……」

「……うーん、まぁ、そうだけど、……」

「そうだよ！　いつも、話聴いて、相談にのってるよね？」

「それって、自己PRになるのかな〜」

「なるよ！　人の話ってなかなか聴けるもんじゃないよ」

「そっか。でも、人の話、私、ホントに聴くの好きだからな〜」

「それ！　ぜったい特技だよ。だから、友だちが多いんだよ」

「そっかな〜。……そういうのって、まず、なんて、書いたらいいのかな〜」

「だから〜、まず〜、……」


私が口をはさむことは何もありません。一人ひとりが、ちゃんと相手の「強み」に焦点を当てることができます。「ここが、あなたのいいところだよ！」そう言ってくれる存在が周りに一人でもいること。これは自分にとって本当に大きな資源です。

こんな体験を語ってくれた高校生もいました。小学生の頃、身体が弱くて病気がちだということでイジメにあっていたそうです。腕も細くて真っ白。それが気持ち悪いと言っていじめられたのだそうです。入退院を繰り返す毎日。友だちもできず、とても寂しかったと言います。

ある時、入院中、たまたま同じ歳ぐらいの女の子と同じ病室になったそうです。その子が、自分の身体を見るなり、こう言ったそうです。

「いいな〜。腕が細くて。色も白いし、うらやましい！」

「え？　なんで？」

「だって、私の腕、こんなに太くて色も黒いし、ぜんぜんきれいじゃない。ゼッタイうらやましいよ！」

この子は、その時、思ったそうです。「そっか〜、細くて白いことは悪いことじゃないんだ。細くて白いことが長所になることだってあるんだ」。それから、この子は、とても明朗な性格になって、友だちもできたそうです。もちろん、身体も元気になりました。高校生にしては、人懐っこく、はきはきした口調で私にこの話をしてくれました。

もし、この子が、この女の子に出会っていなかったら？　細くて白いことを承認してもらった経験がなかったとしたら？　今の、この、いじめられたことを屈託なく話す明るいこの子は存在していなかったかもしれません。そう考えた時、たった一人でも、「ここがあなたのいいところ！」と言ってくれる存在がいることは、どんなにその子の人生において大きな意味があるのだろうと思います。欠点と見えるところでも、それでも、「いいね。うらやましいよ」と言ってもらえたら、その子はそれを強みにして生きていけるかもしれません。

さて、友だちのアドバイスで、自己ＰＲポイントを見つけたＡさん。模擬面接では自信ありげに堂々と自己ＰＲをしていました。友だちが多く協調性が高いことを伝え、体操部でがんばったことも一生懸命話してくれました。こんな場面に遭遇する時、私は感動で面接官役であることを忘れそうになります。

「あんた！　すごいよ！　やればできるじゃん‼」思わず、叫びそうになります。

『人は、光を当てた部分が大きくなる』

もし、欠点やうまくいっていないところに光を当てたら……？　怖いですね。

私はコーチなので、これからもその人の強みにスポットライトを当てていきたいと思います。

4 「ここには雪を入れちゃいけないんだよ」
～叱り分けるとわかってくれる～

「コーチングでは〝叱る〟ということはないんですか?」

よくいただく質問です。

「たしかに、コーチングの中には〝叱る〟という手法はありません」

「じゃ、石川さんは、生徒がどんなことをしても叱らないんですか?」

「いえ、そんなことはありません。叱る時は叱ります。すべてがコーチングで解決するとは私も思っていません。いけないことはいけない、なぜいけないかを伝えて要望します」

冬休み期間中に、高校二年生の就職セミナーを担当していた時のことでした。その日の生徒は、みんな元気、活発。それはいいのですが、セミナー時間中も落ち着きなくソワソワした態度です。退屈なのか、テキストに落書きを始めたり、ふんぞり返ってイスから転げ落ちそうになったりしています。注意しようかとも思いますが、「まあ、他の人に迷惑をかけているわけでもないのでいいか」。

休み時間には、外は雪だというのに、制服のまま飛び出して行って駆け回っています。本当に元気な生徒たちです。靴やズボンに雪をつけたまま、ドヤドヤと入ってきます。その日は、学校ではなく、市の施設を会場に借りてセミナーを開催していました。一般市民の方も出入りされる場所です。生徒たちが持ってきた雪で廊下は水浸しです。その上を、他の利用者の皆さんが滑らないようにおっかなびっくり歩いていかれます。これには、私もカチンときました。

「みんながとても元気だということはすばらしいことだと思っています。こんなに寒くても外を駆け回ってくる元気があるなんて、私はすごいと思う。だけど、この建物は、一般の方も出入りされる場所です。廊下が水浸しで、歩きにくくて迷惑なさっています。みんなだけが使っているわけではないんです。どんなに元気でも人に迷惑をかけることは、マナー違反です。今日、社会人になるための勉強をしに来ているみんななのに、社会人らしくないのは、ものすごく残念です。今、廊下を汚してきた人たち、掃除してきてもらえませんか！」

すでにセミナーの時間中でしたが、私はかなりきつい口調で要望しました。が、生徒たちは納得してくれました。数名がモップや雑巾を借りてきて、廊下を拭いてきれいにしました。その後、セミナーを再開しました。これだけのことでしたので、私もすっかりこのことは忘れていました。

半年後、暑い夏の日、また同じ会場で高校三年生向けのセミナーが開かれました。今回は、私は日程が合わず、講師として出向くことはできませんでしたが、代わりにこの回を担当された先生が、私にこんな報告をしてくださいました。

「前回、元気のよかった二年生、覚えてますか？　あの子たち、三年生になって今回もまた参加してくれていましたよ。そうしたら、石川さんに叱られたことを覚えていて、『ここには雪を入れちゃいけないんだよ』ってお互いに冗談言い合ってるんです。夏なのにね、おもしろい子たちですよね。ちゃんと覚えているんですね」

私はなんだか胸が熱くなりました。「いけないことはいけない」と言ったことをあの子たちは半年たってもちゃんと覚えていてくれたんだ。相手を認めた上で、「なぜいけないのか」を伝えれば、相手はちゃんとわかってくれる。とても嬉しく思いました。

たしかに、コーチングの中には、「叱る」はありませんが、「叱る」ということをあえてコーチングのスキルに置き換えて言うとすれば、「相手の成長を期待して強く要望する」ということでしょうか。根底に、「相手に対する期待」があれば、相手はわかってくれます。

そして、叱る側の叱る基準のようなものが明確である必要があると感じます。「やろうとしてうまくいかなかったこと」に対しては、私は絶対に叱らないようにしています。それを叱っては、相手はもうチャレンジしなくなります。しかし、「他人に迷惑をかけた時」はガッツリ要望します。叱り分けることによって、相手も、「なぜ叱られたのか」納得してくれるようになります。

5 「私も人に影響を与えることができる」
〜自分の存在価値を見出すこと〜

大学の集中講義で、こんなコメントを寄せてくれた学生がいました。

「お話を聴いていない学生がほとんどの中、朝九時から夕方四時まで、ずっと笑顔で同じトーンでいられる精神力を持っている大人を見て、話を聴いていない学生も含めて、何も感じない人はいないと思います。石川さんが〝二人組を作っていただけますか？〟、〝余っている人、いる？〟と訊いても、手を上げる学生がいません。その後の石川さんの〝皆さんの自発性にお任せしましょう〟と明るく笑顔で言える。そんな人は、今後の人生で出会えるのは石川さんとあと何人いるかと考えたら、いないと思いました。私にとって転機を与えてもらった人は今まで何人かいましたが、こんなに前向きになれたのは今日の講義が終わってからです。私はこの通り文章が下手くそです。あえて消しゴムを使わないで書いてみるとあらためて思います。でも、そんな自分でも文章を書くことや話すことが下手でも人に気持ちを伝えることはできると思うので、今回はこうやって石川さんにメッセージをおくる勇気が出ました。下手くそでもやってみなきゃわからないし、そのためにできることから始めていく。

そのことを石川さんはいろいろな例え話を使って、何度も教えてくれた。その姿を見て、伝わらない人はいないと思います。がんばります。ありがとうございました」

このメッセージを、次の授業時間、私はあえて全文を省略せずにみんなの前で読み上げました。読み上げながら、私の中からじわっとこみ上げてくるものがありました。最後の数行は、涙声になりそうなのを必死で我慢して読みました。不思議なもので、私がこのメッセージを読み始めるまではざわついていた教室も、読み進めるうちに、「しーん」と水を打ったように静かになっていきました。この教室にいる百余名の学生が全員、このメッセージに耳を傾けているのが伝わってきました。この静寂もまた、鳥肌が立つような感動でした。

講義後のレポートに彼女はこんなことを書いてくれました。抜粋して紹介します。

◆　◆　◆

私は、この講義を受け、今までないと思っていた自分の強みを発見した。講義中、私の書いた文章が読まれた時、一瞬だけ教室が静かになったことに驚いた。思い過ごしかもしれないが、その時初めて、自分も〝人に影響を与えることができる〟と感じた。

……

自分のレベルならこの程度の高校、大学への進学。高校までは、身辺の問題の答えは、聞けば誰かが答えを教えてくれる環境。大学へ行き、答えが与えられない環境に来たとたん、人にどう思われているか、そんなことばかりが気になって、人と比べて何もないという劣等感ばかりの自分がいた。自信がないことを人に言うのは好きじゃないから誰にも言わなかった。きつい顔つきは、そんな私の内面を隠す。このきつい顔どおりの自分を演じているほうが、人に自信がないと話すよりよっぽど楽だからそうすることにした。化粧をしなければ目は一重でひどい顔。将来の夢もなく、中身は何もなく、何を考えているのかわからないと、人に思われているに違いないという自分だけの思い込み、被害妄想、卑下、とにかく劣等感の塊。

でも人は、私を好きだと言ってくれた。家族、友人、恋人。何が魅力かわからない。化粧した顔？　化粧を取ったらみんな離れていくの？　自然体でいられない苦しみがあった。友だちにすら悩みを言わない。わかってもらおうとしたことがないし、話せばその後嫌われる気がして。だからいつも人に合わせた。

……

私は人に影響を与えることができるし、今までもできていたのだ。そんなことに気づいた瞬間、どんな小さな出来事も、どんな出会いも意味のないことなんてない、どんな人もつながっているし、みんな影響を与え合っている、私はそんなふうに思った。

◆　◆　◆

自分の存在価値を見出せた時、人は勇気を持って前を向くことができるのでしょう。

学生たち一人ひとりの中にある繊細で壊れそうな気持ち、それを正直にさらけ出す勇気、ささやかな出来事を通して敏感に気づきを得る感受性、すべてを私は愛おしいと感じます。

第8章『だからコーチングが大事！』

1　ティーチングの限界

(1) コーチが持っている以上のものは教えられない

私が初めて「コーチング」という言葉を聞いた時、真っ先にスポーツ界のコーチを思い浮かべました。「コーチ」と聞いて、野球やサッカーのコーチを思い浮かべる人も少なくないでしょう。この野球やサッカーのコーチは何をしている人でしょうか。プレーヤーに技術や戦略を伝え指導する人、時には精神力をも鍛えるために厳しく怒鳴る人、という映像が浮かびますね。私たちが最初にイメージするコーチは、自らが経験してきて得た知識や技術、ノウハウなどをプレーヤーに教えていく人、つまり、プレーヤーの外側から内側に本人が上達するための知識や技術を注ぎ込んでいく人。そんなイメージではありませんか。

しかし、私が初めて「コーチング」を教わった師匠、日本コーチ協会理事の本間正人コーチは、こちらは「ティーチング」と言われるアプローチであり、「コーチング」とはちょっと違うということ教えてくださいました。「ティーチング」がプレーヤーの外側から内側に向かうアプローチであるとするなら、「コーチング」はプレーヤーの内側から外側に向かうアプローチなのです。プレーヤーの中にある「答え」(例えば、どうすれば自分がもっと上達できるのかという方法や行動)、自発的な気持ちや「やってみたい」、「やれる」という肯定的な気持ちを外側に引き出していくこと、これが「コーチング」なのだと学びました。

ティーチングは、子どもの教育においてもちろん大切な要素です。それなしには、教育は成り立たないでしょう。しかし、ティーチングにはどこか限界があると言わざるを得ません。どういう限界かというと、コーチ側が持っているものを教えている限りにおいては、コーチが持っている以上のものは教えられないという限界です。そうすると、プレーヤーはいつまでたってもコーチ以上の人にはなれないのです。ですから、スポーツ界のコーチは意識的、無意識的にティーチングとコーチングの両方を実践しているのです。マラソンの高橋尚子選手を育てた「名コーチ」、小出義雄監督は、高橋選手ほどのタイムでフルマラソンを走れるわけではありませんが、高橋選手に金メダルを取るだけの能力を発揮させてきましたよね。

(2)「答え」は自分の内側にある

子どもたちが巣立っていく社会は、「答え」が一つしかないという世界ではありません。状況に応じてありとあらゆる解決方法、手段を講じて問題を解決していくことが求められる世界です。しかしながら、ティーチングだけの環境にいると、人はある〝枠〟にはまってしまいます。

「正しい答えは一つしかない」、そして「正しい答えは誰かから与えられるもの」という枠です。一つの問題につき一つずつの正解を外側から与えられることに慣れてきた子どもたちが社会に出た時、いいえ、出ようとする手前でも、いとも簡単に挫折してしまうのは、自分の内側に答えを探しにいく習慣を持たないためではないでしょうか。「自分でなんとかすれば解決できる」と思えないのです。

「答えは一つしかない」という教育を受けると、どんどん依存になっていきます。いつも「答えをください」というところにいます。いつもいつも自分の内側ではなく、外側に答えを求めに行きます。どこかにある正しい答えを探し続け、「自分のやりたいことが見つからない」、「どうしたら幸せになれるのかわからない」と言い続けます。「答え」は自分で作り出すものというところに立っていないのです。人から聞いた話やノウハウ書で得た知識でなんとかしようとするのです。しかし、それらはそもそも自分で編み出した「答え」ではありません。学んだことをその通りにやってうまくいくことなど、世の中にそうそう多くはありません。うまくいかなくて、「やっぱりダメだ」とがっかりする。そして、外側に答えを求めに行っては捨てる。何をやってもうまくいかない。この繰り返しの中で枠だらけの社会人になっていくのです。

「答えは一つじゃない」、「答えは自分で編み出すもの」

子どもの頃から、「答え」を自分の内側に探しにいく習慣を持ち、困難にぶつかっても「方法はいくらでもある」という発想で行動を起こせたらどんなにいいでしょう。「自分で考えて自分で解決策を編み出す力」があれば、たいがいのことは乗り越えられるはずです。

「ティーチング」はもちろん大事です。でも、あわせて「コーチング」も必要なのです。今、人を育てる立場である私たちに必要なのは、答えをただ「与える」ことではなく、いかに、本人に自分で答えを「考えて編み出すよう導く」かなのです。その力を子どもたちが持てば、私たちが教えた知識をただ〝知識〟に留めるのではなく、さらに大きな〝知恵〟へと進化させて力強く生きていけるのではないでしょうか。

(3)「体験してつかむ」これが学び

皆さんは、自転車の乗り方を子どもたちに教えることができますか?

「ええと、ハンドルをまず両手で握ります。あ、その前に、自転車にまたがっておくといいですね。それから、左足を左のペダルに乗せて、一歩踏み出し、バランスをとりながら、右足で右のペダルを踏み込みます……」

なんとか言葉で説明することは可能でしょう。しかし、それを聴いただけで、子どもたちは、果たして自転車に乗れるようになるでしょうか? おそらく無理でしょう。「知識として得るだけ」には限界があります。皆さん、ご経験があるはずです。自分で、実際に乗ってみて転びそうになりながら、あるいは、実際に転びながらバランスをとることを身体で覚えていったはずです。言葉では何とも説明しがたい感覚、センスというものを乗りながらつかんでいったはずです。自転車には乗ってみないと乗れるようにはなりません。

今、ティーチングの現場でなされていることは、まさに、自転車の乗り方を口頭で説明しているようなことです。「こうですよ。ああですよ」と伝えるだけでは人は決して学びません。自分でまず観察し、方法を探究し、行動し、体験し、感じて、感覚としてつかむ。この部分が、既存の知識を与えられるだけのティーチングには決定的に欠けているのです。コーチングによって相手に行動を促す、まずやらせてみる、その結果、起きてくることを味わい、また探求させる。このプロセスがあって初めて人は自発的になり、結果を自分で作り出せるようになるのです。

2　カウンセリングとの違い

(1)「感情」を扱うか、「行動」を扱うか

「コーチングはカウンセリングとよく似ているように感じましたが、どこが違うのでしょうか？」

これもよくいただく質問です。たしかに、一対一でコミュニケーションをとっている様子を見たら、やっていることはほとんど同じに見えます。ましてや、「こちらが一方的に話すのではなく、相手の話をじっくり聴くものだ」と言われると、ますます同じものに感じられます。たしかに、カウンセリングとコーチングは、多くのスキル、考え方において共通しています。「相手の話を否定しないで聴く」、「答えは相手が持っている」、「自分の考えを押し付けないで相手から引き出す」など。

特徴的な違いを挙げるとすれば、私自身はこんなふうに考えています。

「カウンセリングは〝感情〟に焦点をあてるが、コーチングは〝行動〟に焦点をあてる」

もちろん、両者とも両方を扱います。が、どちらかというと、カウンセリングでは、相手の話にじっくり耳を傾け、相手が何を感じ、何を味わっているのかをしっかり受けとめることに重きを置きます。相手が、受けとめてもらえたと感じた時に、深い癒しの効果が生まれます。コーチングでは、あえて、〝感情〟と〝行動〟は別ととらえます。感情を受けとめた上で、この後、どう行動を起こしていくのかを一緒に考え、促します。「癒して終わり」では、問題解決、目標達成はできないのです。

しかし、だからと言って、カウンセリングがコーチングより効果がない手法だと言っているわけではありません。まず、しっかり自分の気持ちを受けとめてもらって、感情の整理をしてから行動を起こしたいという段階の人もいます。感情の整理ができていないうちに、「次は何をしますか?」、「その後、どうしますか?」と行動に焦点をあてられると、追い詰められたような気持ちになる場合があります。一方で、どんどん目標に向かって動き出したい人にとっては、ただ気持ちを聴かれるだけでは、もの足りないアプローチになってしまいます。相手の心の状況、段階によって使い分けが必要です。

(2) 「過去」を扱うか、「未来」を扱うか

さらに、カウンセリングとコーチングの違いとして、あえて特徴的なことを挙げるとすれば、「カウンセリングは〝過去〟に焦点をあてるが、コーチングは〝未来〟に焦点をあてる」

この点についても言うまでもなく、両者とも両方を扱う場合はあります。過去にどんな体験があっ

たから、今、この心の状態を引き起こしているのか、過去に原因を探るアプローチがどちらかというとカウンセリング、これから未来に向かって何をしていくのかを考えるのがコーチングというイメージです。

カウンセリングでは、質問や傾聴を繰り返す中で、過去のどんな体験がトラウマとなって、現在、この人の心理的問題に影響を及ぼしているのかということなどを探っていきます。「なぜ、今こういう問題が起きているのか」という原因を特定することによって、今の問題を解決するというアプローチです。

一方で、コーチングは原因究明というよりは、解決志向のアプローチと言えるでしょう。「今後どうしていきますか?」などの未来質問をして、視点を未来に向けさせます。もちろん、原因に焦点をあてることもしますが、原因が特定されなくても、解決に至る方法、行動があるという観点で探っていきます。

どちらがより有効というものではありません。過去のわだかまりをきちんと完了してから、次の行動に移りたい人にとっては、やはりカウンセリング的アプローチが適切でしょう。

(3)「マイナスをゼロに戻す」か、「プラスをさらにプラスにする」か

カウンセリングは、どちらかというと、「心理的問題を抱えている状態から元の問題のない状態に

その人を戻していく」アプローチと言えます。つまり、心が「マイナス」の状態にある人を「ゼロ」に戻していく、というイメージでしょうか。

一方、コーチングは、「現在よりもさらに大きな結果を作り出せるよう、その人の可能性を引き出していく」アプローチと言ったらいいでしょう。現在でも、資源をたくさん持っている「プラス」の状態にあるのだけれど、さらに「プラス」に高めていくためのアプローチ、あるいは、「プラス」の結果が出せるよう常に「ベストな状態」を維持するために活用するものと言ってもいいかもしれません。

以上は、カウンセリングとコーチングの違いをあえて際立たせて説明するとしたら、という条件で説明しました。一言で「カウンセリング」と言ってもこの限りではないことをご承知おきください。現に、私も「就職カウンセリング」の仕事をしていますが、未来に向かう質問も過去の資源を掘り起こす質問もしています。やっていることは「コーチング」の要素がほとんどです。大切なことは、使い分けにこだわることではなく、「この人をサポートしたい」、「この人の中に答えがあるのだから、私はそれを引き出す役割」という気持ちを根底に持って向かい合うことではないでしょうか。

ただし、すでに精神病、心身症などを患っている人に対しては、コーチングは機能しませんので、我々コーチも「精神科医などの専門家に委ねる」という倫理規定を遵守して活動をしています。

3 コーチングの何が機能しているのか

(1) 必要なのは自己肯定感

二〇〇四年、夏。北海道は歴史的なニュースで盛り上がりました。駒大苫小牧高校が甲子園で初の全国優勝を成し遂げました。深紅の優勝旗が津軽海峡を越えたのは、これが、高校野球史上始まって以来のことだそうです。決勝戦は、両チーム合わせて三九安打が飛び交う、逆転に次ぐ逆転の激しい試合でした。五六〇万人の道民は、この駒苫の選手たちの偉業にずいぶん勇気づけられました。「最後まであきらめなければやれる！」。この後、傾きかけた会社を再建させた経営者さえいたと言われます。北海道は、地域によっては一年の半分近くが雪に閉ざされます。外は氷点下です。やはり外で行うスポーツは、あたたかい地域の子どもたちにはかないません。練習時間にも場所にも恵まれない、そんな道産子たちが気合いと実力でつかんだ優勝旗。それはそれは大きな感動でした。

決勝戦をテレビ中継で観戦しながら、私は何度も弱気になりかけました。

「あ〜、いきなり、2点も先制点とられてる。やっぱり決勝戦は相手も強いな〜。北海道勢がここまで勝ち進んできたんだから、もうここで負けても仕方ないよね」

「うわぁ〜、せっかく追いついたのに、こんな終盤でまた3点も逆転されたら、もう勝てないよね〜」

しかし、テレビ画面を通して伝わってくる駒苫の選手たちの顔は違いました。バッターボックスに立って、キッ！　とピッチャーをにらんでいる横顔。その顔には、はっきりと、

「絶対勝つ！」

「オレが打つ！」

と書いてあるのが私には見えました。

そして、初球。渾身のフルスイング。空振り。それでも、顔つきは変わりません。

「うわ〜、この子、本気で打つ気だ」

気迫が画面を通してビンビンと伝わってきます。

そう、これなんです。駒苫の選手たちが教えてくれました。成果を出す人の心理状態はまさにこれなんです。そして、この精神を受け継いだ後輩たちは、二〇〇五年の夏、さらに新たな偉業を成し遂げました。半世紀以上塗り替えられることのなかった偉業、二年連続優勝。そして、二〇〇六年夏、決勝戦再試合の果てにつかんだ準優勝。甲子園で三年連続決勝戦に進むことがどんなに困難なことなのか、野球関係者ではない私たちにも容易に想像がつきます。

「北海道だから練習時間が短い？　そんなの関係ない。勝つのはオレたちだ」

「初めての決勝戦？　そんなの関係ない。勝つのはオレたちだ」

「いきなり先制点とられたって？　そんなの関係ない。勝つのはオレたちだ」

「また3点逆転されたって？　じゃ、取り返せばいいんだ。日本一になるのはオレたちなんだよ！」

どんな状況でも、相手が誰であっても、「オレたちが勝つ！」というところから一歩も降りなかった選手たち。むしろ、大人の私たちの方が常に弱気でした。


世の中がどうだって、現実がどうだって、とにかく自分はやる！　そこに立てるかどうか、それが結果を作るのです。何か特別な能力や知識の差ではないような気がします。「やっても無理」、「どうせできない」そんな気持ちのままでは、たとえ力があっても発揮されません。いかに、この「やったらやれる」、「自分はやる！」というところに立てるか、それがその子の人生を左右していくように思います。

こういう心理状態を作り出していく上で、私はコーチングは大いに機能すると実感しています。いかに「自己肯定感」を持たせるかが結果を大きく変えると感じます。

「自己肯定感」……自分で自分のことを認める気持ち。「自分にはやれる力がある」、「やったらやれるんだ」、「たとえ失敗しても自分はだいじょうぶ」という気持ち。

これを引き出すためには、まず、「やったらやれる人」として相手と向き合うことです。「無限の可能性を持っている人」として接することです。いいところをどんどん見つけて、どんどん承認する。相手の話にじっくり耳を傾け、否定しないで聴くことによって、自分を価値ある存在として誰かに受けとめてもらえている実感を持たせる。うまくいったことに焦点を当てて、「やったらやれる」という感覚を持たせる。これを日々繰り返すことなのです。

コーチングでは、「相手の中には、もともと目標を達成するための資源がすべて備わっている。コーチはそれを引き出しサポートをする」という説明をします。ですから、相手の中に「ある」というのが前提になります。残念ながら、「ある」ようには見えない、とコーチ側が感じてしまうと、相手もそう思ってしまいます。たとえ、どんなにすばらしい能力が潜んでいても、引き出されないまま終わってしまいます。「ある」という視点で一人ひとりの子どもを見つめた時、可能性は無限に広がっていくのです。

(2)自分で気づくと自発的になれる

私の両親は私に学校の先生になってほしかったようです。小学生の頃、たしかに私も「学校の先生になりたい」とあこがれた時期がありました。母からよく「尚ちゃんは学校の先生タイプだよね」なども言われると、「勉強もよくできていい子だね」とほめられているような気がして、なんとなく誇らしかったものです。しかし、高校生になり、父が、地元の大学の、しかも教育学部の偏差値を調べ始めたあたりから、私は急速に冷めていきました。

「お前は先生になりなさい」と言われると、なんだか急に反発心が湧いてくるのです。「親の敷いたレールには乗らない」。そんな気持ちで、反対する両親を説得し、自ら選んだ大学に進学したつもりでいました。親の言いなりになることは敗北のような気持ちでした。大人になる直前の時期というのはそんな気持ちが湧いてくるものなのでしょう。大学でも、教職課程の科目はあえて一切履修せず卒業しました。

が、現在、私は、高校や大学に出向いて、「先生」と呼ばれる仕事もしています。今ではこの仕事にとても大きな誇りとやりがいを感じています。どこかに、子どもの頃から言われてきた「あなたは学校の先生が向いているね」という言葉が残っていたのでしょうか。人は、本当にあまのじゃくだと思います。人から言われたことに対しては、「その通りだ」と思ってもなかなか素直に従えません。それが、反抗期の絶頂にある時期なら、なおさらそうです。「こうしなさい」と言われれば言われるほど、反発したくなってしまいます。でも、不思議なもので、自分自身で「そうか！」と気づいたことには自発的になれるものです。どんなに諭しても、脅しても、本人が自分で気づかない限りは行動が変わらないということはよくご存知のことでしょう。

私のコーチ仲間がこんな話をしてくれました。このコーチには、大学受験を控えた息子さんがいました。時は、アテネオリンピック開催中の夏。テレビ中継にかじりついて、なかなか勉強しに部屋に戻らないそうです。大事な夏休みに受験勉強をしなくていいのか、毎日毎日テレビを見ているので、父親としても気が気ではないようです。

「おい、いつまで見てるんだ？　そろそろ勉強しないとやばいぞ！」

言いかけて、コーチ魂が蘇りました。ダメダメ、こんな言い方じゃ、息子の行動は変わらない。むしろ反発を招くだけ。そこで、こんな質問を投げかけたのだそうです。

「お前の金メダルはどこにあるんだろうね？」

息子さんは、しばらく、ぽかんとテレビに向かっていたそうですが、その後、何も言わずに部屋に戻って勉強を始めたのだそうです。

自分で気づくと自発的になれる。だから、コーチは、指示命令の代わりに質問をするのです。こちらが答えを与える代わりに、相手に考えさせるのです。こちらが言いたいことを話す代わりに、相手の言いたいことをたくさん聴いてあげるのです。その中で、相手は自分の中にある「どうしたいのか」、「どうしたらいいのか」に気づいていくのです。「答え」はいつでも、ちゃんと相手の中にあるのです。

4　コーチングの哲学とコーチのあり方

(1)かたまりで見ない

セミナー中、身だしなみを整えたり、おじぎの練習をしたりするのを嫌がる生徒の様子を第2章で紹介しました。わざと着崩したり、ダラダラ、フニャフニャしてふざけてみたりします。こういう生徒たちを見ていると、「午後から模擬面接が待っているというのに、本当にこんな状態で大丈夫なのか?」、「なぜこんなにできないんだろう?　ここの生徒は能力が低いのだろうか?」などと何度となく思いました。

しかし、いざ、「本番いってみよう!」となるとどうでしょう。意外なものです。私の取り越し苦労だった、ということがよくありました。一人ひとりと個別に向き合える模擬面接では、いい意味で、「目が点」になる瞬間に何度も出会いました。

「え?　なんで?」

本当に不思議なのです。「いざ、模擬面接！」となると、それまで、ダラダラ、フニャフニャしていた子が、急にビシッと座り、堂々と話し始めるのです。この生徒に限ってのことではありません。このマジックのような場面には、これまでに何度も何度も出会ってきました。

「なんで？　なんでこんなにできるのに、午前中のおじぎの練習や自己ＰＲの練習は、あんなにきちんとやらなかったの？」と、思わず、訊きそうになってしまいます。それぐらい、別人のようになるのです。

この年頃の子たちは、どうもまじめにやるのは、なんとなく恥ずかしい、ダサい、と思ってしまうようです。何か練習させようとすると、「だっせ〜、やりたくね〜」。しかし、ある場面設定がなされて、その中で、自分に求められている役割がはっきりすると、不思議なぐらい一生懸命取り組もうとします。「だいじょうぶかな」と思う子でも、「やろうと思ったらやれる」ということを証明してくれます。日常、見せているだらしない姿だけで、相手を判断してはダメです。やる気がないと見てはダメです。そして、子どもたちをひとくくりに見てしまってはダメです。集団の中にいると、たしかに同じように覇気がないように見えることがあります。しかし、一人ひとりと向き合った時に、単に、自分だけまじめにやるのはダサいと思っていたり、何かして先生からつっこまれないように目立たなくしているだけで、実はやったらやれる力をきちんと持っているものです。

子どもたちを全部ひとくくりのかたまりとして見て、あるいは、多くの子どもたちの一部を見て、「この生徒たちはこうだ」と決めつけてはいけません。一人ひとりを個別に見て、各々に応じた接し方をする、これがコーチのスタンスです。

(2) 最初からすべての資源は備わっている

もう五年ほど前のことでしょうか。近所のスーパーでアボカドを買ってきました。皮をむいて、実をお料理に使った後、直径三cmほどの種が残りました。この種をあらためてしげしげと見つめてみますと、実に美しい球形をしています。まんまるです。そのままごみ箱に捨てるのが急に忍びなくなって、キッチンのシンクの上にポンと置いておきました。

その状態で一週間ほど過ぎましたが、だからといって、その種がどうなるわけでもありません。それでもなんとなく捨てられなくて、種がすっぽり納まるぐらいの小さな器に水をはって入れてみました。しばらくそのままにしておきましたが、「だからといって、どうなるわけでもないよね」。そんな気持ちになりかけていた頃でした。球のてっぺんにパカッと亀裂が入りました。

「お！　割れるのか？」また、しばらく観察を続けました。日に日に亀裂は大きくなり、ある時、割れ目の間から小さな芽が出始めました。

「おお！　これは、おもしろい。アボカドの芽だ！」水を替えながら、しばらく観察すること三ヵ月。芽は細いながらもまっすぐ真上に伸び始めました。

そのうち、芽から葉っぱが枝分かれしてきました。そして、種の亀裂の間から今度は根っこらしきものが出始めました。「これはなかなかおもしろい！」こうして、芽はやがて茎になり、葉はどんどん増え、根も増えました。やがて、種はどんどん退化し、一番最初の球状のものはすっかり根っこに変わってしまいました。思い切って、植木鉢に土を入れて植えてみました。水から土への環境変化にも見事に適応。その後もどんどん成長を続け、そのたびに植木鉢も大きなものに替えていきました。

現在、アボカドの木は、全長一・五mほどに育っています。まだ、花や実は見られませんが、葉っぱは順調に新陳代謝を繰り返し、大きくなっています。この木にいつか、アボカドの実がなる日も来るのだろうか、そんな希望を抱かせます。このアボカドを種から育てるのに私がしたことといえば、ただ、水を替えること、植木鉢に植え替え、水をやり続けたこと。それだけでした。特別な肥料をやったりはしていません。


少々、前置きが長くなりました。ここからが本題です。私は思うのです。この球状をした種の中に、茎になるもの、葉になるもの、根になるもの、そして、花になり実になるもの、すべての資源がもともと詰まっていたのです。こんなわずか直径三㎝の種の中に、アボカドになるための要素が最初から全部詰まっているのです。しかし、それをキッチンのシンクの上に置いておいたのでは、アボカドとして成長することは期待できません。種のままで腐っていきます。適切な場所に置いて、水を与え続けることで、ちゃんと芽を出します。アボカドとしての成長を始めます。

人も同じではないでしょうか。もともと、その人がその人として成長し成功するための資源は、その人の中に全部詰まっているのです。足りないものは何もない。もともと必要とするものはすべて持って存在しているのです。あとは、適切な環境と水があれば力を発揮していくのです。水は、言い換えると、周囲の人の声かけ、コミュニケーションと言ってもよいのではないでしょうか。有毒な液体では枯れてしまう、純粋な新鮮な水であれば、それだけですくすくと伸びていくのです。

私たちは、もっと人を信頼してもいいような気がします。

「この人には無限の可能性がある。この人の中には、目標を達成するための資源がもともとすべて備わっている」

「その人が前進するために必要な答えはすべてその人の中にある」

コーチとして人と関わる毎日の中で、そう思うことによって、その人がどんどん前進していくことに気づかされています。

(3) この人だけは自分を見捨てないという存在

「どうして、石川さんはいつも元気なんですか？」

「人の話を聴くってストレスたまりませんか？　どうやって、ストレスをコントロールされているんですか？」

よくいただく質問です。

「だから、私にもコーチがいるんです」

この私の答えに、皆さん、一様に「なるほど！」と納得してくださいます。私には、心から尊敬できるすばらしいコーチが複数ついています。

もう四年以上、小野仁美コーチには、私がコーチとして仕事をしていく上でのサポートをしていただいています。小野コーチは、たとえうまくいかないことがあっても、チャレンジしたことを承認してくれます。「そう、いい経験だったね！　よくやったね！」と言って認めてくれます。

「どこがまずかったと思ったの？」

「本当はどうしたかったの？」

「次はどうしたらいいと思うの？」

「そのためにはどんなことが必要？」

ちゃんと質問をして一緒に考えてくれます。そして、「今回はうまくいかなかったけど、次は必ず結果を出す人」として扱ってくれます。この小野コーチのおかげで、私は常にプラスの精神状態を保って仕事をすることができます。

もちろん、コーチと言えども「人間」ですから、落ち込むこともあります。不安、自己否定感にも襲われます。でも、「ま、いっか。今度、コーチに話を聴いてもらえば」。そう思った瞬間、また気持ちは軽くなって、次の行動を起こしている私がいます。失敗も恐れなくなりました。何てったって、失敗しても叱られませんから、「ま、いっか。やってみてうまくいかなかったら、また別の方法をコーチと考えよう」と思えるのです。気楽なものです。

「こんな仕事、来ちゃいました。私にできるでしょうか。ちょっと怖いんですけど……」
「だいじょうぶ、だいじょうぶ！　石川さんにできない仕事は来ないことになってるから！」

何だ？　それは～？　と思いますが、とても心強い言葉で、私の不安を払拭してくれます。小野コーチと話した後は、確実に私の気持ちは前に向かっています。

私がどんなに失敗しても、どんなに誰かから批判をされても、「この人だけは私のことを絶対に見捨てない」、そんな存在の人が一人でもいることは、自分の人生にとってとても大きいことだと実感しています。もし、子どもたちがそんな気持ちで日々生きていけたら？　たとえ、テストで点をとらなくても、いい会社に入らなくても自分を見捨てないでいてくれる存在が一人でもいる、そんな安心感が持てたのなら？　失敗を恐れず、もっと自分で行動を起こすことができるようになると思うのです。

テストで点をとらないと愛してもらえない、いい学校に入らないと愛してもらえない、そんな不安の中で、「とにかく、がんばりなさい」と言われ続けるだけではがんばれない。子どもが自分の思い通りにしてくれるからほめる。思い通りにしないから叱る。これで、本当にその子を愛していると言えるのでしょうか。相手がどんな状態でも、どんな結果を出していても、いつも変わらず受けとめ見守る。そして、信じる。「だいじょうぶ。あなたがどんなに失敗しても、私はあなたを〝できる人〟だと信じている」。そう言ってくれる存在が、常に子どもたちの周りにたくさんいたら、もっともっと子どもたちは自分の可能性を開花していけるはずです。

(4)「大きなことを成し遂げる人」として扱う

ここ一年ほど、私を強力にサポートしてくださっている近藤真樹コーチは、コーチングのたびに、あたたかくも厳しい承認をしてくださいます。

「あなたはね、すぐそうやって、自分を小さい存在として見るところがあるよね。あなたはね、チマチマ小さい仕事をしている人じゃないの！　全国を駆け回って、今以上に多くの人の前で講演をして勇気を与える存在なの！」

こんなことを、毎回毎回のコーチングでガンガン言われるわけです。近藤コーチもまた「あなたは大きいことを成し遂げる人」というところから絶対に降りません。私自身が弱気になっても、絶対にそこから降りません。どんな時も絶対にそこに立っています。この姿勢に「コーチの信念」を感じます。最初は、自分の可能性に半信半疑だった私も、毎回毎回言われるので、だんだんそんな気になってきました。「私はこんなもんじゃない。もっと大きなことをやる人だ！」。

私にコーチングのセンスを教えてくださった師匠、岸英光コーチもそうです。決してブレません。「石川が本出したらさ〜、こういうこと一緒にやろうよ」

まだ、原稿も何もできあがっていないうちから、岸コーチは、「この人は必ずやる人！」、「それはもう決まっていること」として、私に接してくださっていました。

「高いところに立つんだよ。まず！　もっと大きなことをするっていうところに立って見るんだよ。石川、お前、コーチだろ！　プレーヤーを〝大きいことをする存在〟として扱うコーチ自身が、自分のことを小さく扱ってどうする？　ここに立て！」

そう言って、すわっていた椅子の上に自ら勢いよく立たれた岸コーチの言葉が、いつでも私の背中を押してくれています。「結果を出す人」として接してくださることで、私が出す結果も年々大きくなっていきました。

皆さん、お気づきでしょうか。あれ？　コーチって、相手に否定的な言葉を言わないんですよね？「こうしなさい」って命令しないんですよね？　だけど、近藤コーチも岸コーチもそんな言い方をするんですか？　意外に思われたかもしれません。でも、いいのです。この言葉で私は確実に自分の「自己肯定感」が高まるのです。行動を起こせるのです。この方たちにこう言われたら、むちゃくちゃ勇気が湧くのです。

この本の中で、私はたくさんの「言い方」を紹介してきました。でも、「コーチング」は決して「ものの言い方」だけじゃない。コーチの「あり方」が大きく機能しているのです。この人にこう言われたら、私はできそうな気がする！　たとえ、厳しい口調であっても、その言葉の根底に、相手の可能性を信じる気持ち＝「あり方」が存在すれば相手は動くのです。

私の周りには、このようなすばらしいコーチたちがたくさんいらっしゃいます。本当に感謝しています。

くどいようですが、私は、立派な先生でも学者でもありません。日々、教育の現場で、子どもたちの教育に携わっていらっしゃる先生がた、日々、子育てに尽力されているお父さん、お母さんと比べると、経験、知識、能力から言っても、「子どもの教育」に関しては〝ど素人〟です。その〝ど素人〟の視点から教育の現場を垣間見た時に、痛切に感じるものがありました。

「子どもたちはあまりにも小さく扱われ過ぎている」

「教えてあげないと何もできない存在」、「こちらがなんとかしないと成長できない存在」でも、本当はそうじゃない、ということを、私は子どもたちと接して、子どもたちから教わりました。そして、こちらがどういう「あり方」で接するかが、お互いの可能性に大きな影響を与えていくのだということを思い知りました。私が、この拙著を通して一番伝えたいことは、

「人は扱われるようにしかならない」

ということです。

「この子はダメだ」、「この子にはそんなのムリ」、「この子にできるわけがない」そう思っているうち

は、どんなすばらしい教材を使っても、教育システムを導入しても、子どもは成長していきません。「できる人」として扱う。「大きなことを成し遂げる人」として扱う。

この教育する側の「あり方」があってこそ、子どもたちは大きな成長を遂げるのだと確信します。コーチングは、子どもたちをこちらの思い通りに動かすテクニックでも、単にやる気にさせるための「魔法の呪文」でもありません。私がここで示した事例はあくまで一つの事例でしかありません。この通りに言えば、皆、同じような反応をしてくれるのかというと決してそうとは限らないでしょう。ただ、私が試してきてうまくいったことには、その根底に常に「無限の可能性を持った人として尊重して接する」という「あり方」があったことを感じ取っていただければと思います。

人はもともと、「自分が成し遂げたいことを実現するために」生まれてきています。そして、それは決して難しいことでも苦しいことでもないのです。やったらやれるのです。「やれる存在として生まれてきている」ということを思い出すだけでいいのです。実現する力、資源はもともと全部備わっています。相手を決して小さく扱わないでください。大きな存在として接してください。世の中に大きな前進を作り出す人として見てください。無限の可能性を信じてください。そして、もちろん、子どもたちの無限の可能性を引き出す存在である自分自身の可能性を信じてください。

第9章　「子どもの幸福度が高い国」に学ぶ共育コーチング

９５％の子どもが「自分は幸せだ」と言っている。そんな国が存在するなんて！　その国の教育現場では、すでにコーチングが根付いているらしい。ぜひ、この目で確かめたい。

この本の初版から七年後の２０１４年、コーチングを伝えることにやや行き詰まりを感じていた私は、いても立ってもいられなくなり、初めて、オランダを訪問しました。その後は、毎年のように通っています。この章では、私がオランダの教育現場で感銘を受けたことを紹介しながら、あらためて、なぜ、子どもとの関わりにコーチングが必要なのかについて、お伝えしたいと思います。

1 「自分で考え自分で決めること」の効果

(1) いつまでたっても自己肯定感が低い日本の子どもたち

この本を出版してから、おかげさまで、コーチングを教育現場でお伝えする機会が格段に増えました。共感してもらえ、価値を感じてもらえることが嬉しくて、夢中でコーチングを広げることに奔走しました。やりがいがあり、楽しくてやめられないという気持ちでした。一方で、

「それで日本の教育って何か変わったの？　日本の子どもの自己肯定感は上がったの？」

と、知人から言われた時は、悔しさとむなしさでしばらく落ち込みました。

確かに、手応えを感じることも大いにありましたが、これをやり続けて、目指す方向に近づいているのかと考えると、確信が持てなくなってきていました。

どんなに強みを伝えても、頑なに自分の価値を認めようとしない子どももいます。

「私は高校生の頃、すごくネガティヴだったけど、コーチングに出会ってこんなふうに変わったよ！考え方やコミュニケーションを変えたら、夢が叶うようになったよ！」と伝えても、「自分には無理」と返答されます。

「どうすれば自信はつきますか？」、「自己肯定感が低いのですが、どうしたらいいですか？」という子どもたちからの質問に、「どうして、みんな、同じ質問ばかりしてくるの？」とうんざりすることもありました。どうすれば、子どもたちの自己肯定感はあがるのか？　それが、私にとって、解決できない大きなテーマの一つでした。そんな時に、オランダの教育と出会ったのです。

(2)自分で選べる！　オランダの教育

初めて、オランダの小学校を視察した時の衝撃は今でも忘れられません。子どもたちがじっと座って一同に先生の話を聴くような授業がほとんどないのです。子どもたちは各自、好きな場所で好きなことに取り組んでいます。絵を描いている子もいれば、工作をしている子、文字を書いている子、友達と演劇の練習をしている子もいます。「これを授業と言っていいのだろうか？」と思いましたが、子どもたちはイキイキと能動的でした。目の前の課題に嬉々として取り組む姿には「やらされ感」などありません。

オランダでは、このような独自の教育スタイルを、公立、私立に関わらず、各々の学校の裁量で自由に選択できます。手法や教材の選択も学校に任されています。「学校の数だけ教育がある」と言ったらよいでしょうか。学区はなく、多種多様な学校から、自分の子どもに合いそうな学校を、保護者と子どもが選んで入学します。受けたい教育を「自分で選べる」。システム自体がコーチングなのです。

ある小学校では、こう説明されました。「今日、何をするのかは、子どもたちが自分で選択します。1週間の課題は決まっていますが、1週間のうちに、どの順番でいつやるのかも、子どもたちが自分で決めて取り組みます。誰かと一緒に取り組む課題もありますので、その都度、子ども同士で相談しながら一緒に進めていきます」。

小学生の頃から、自分で選択し、自分で計画を立て、自分で取り組むことが自然と習慣づけられているのです。与えられてやるのではなく、自ら選んで学ぶことが、子どもの自発性の源泉だということをあらためて認識させられました。

(3)ＰＤＣＡサイクルを自分で回すオランダの子どもたち

手法は学校によって様々で、各々に特徴がありますが、手法が何であれ、どの学校でも、子どもたちとの関わりにコーチングが根付いていることに、私は、視察に行くたびに感動しました。

学習を始める前に、先生が子どもたちに質問をします。

「今日は、どんな目標でやる?」

「今日は何ができたらいい?」

各々の課題に取り組んでいる子どもたちに、先生が折々に声をかけていきます。

「何を調べているの?」

「どうしてこれを作ろうと思ったの?」

「工夫したことは?」

「ここから何を学んだ?」

単に、やりたいことをやって、「あ〜、楽しかった」で終わらないように、気づきと学びを引き出す質問をしていきます。

授業の最後にも質問をします。

「やってみて、どう感じた?」

「次はどうすればもっとうまくできると思う？」

注意を促す時も、指示命令ではなく質問です。

「あれ？　それは何に使うものだったっけ？　その使い方はどう思う？」

「今、〇〇さんが話している時間だけど、みんなはどうしたらいい？」

こうしたアプローチを毎日繰り返されていたら、子どもは自ずと「自分で考え、自分で解決できる」と思うようになっていくでしょう。

オランダに行って、やっと腑に落ちました。なぜ、日本の子どもの自己肯定感が低いのか。大人になっても、人目を気にして生きるのか。冷たい言葉で恐縮ですが、他者（先生）に評価され、他の子どもと比べられ、順位をつけられることで、自分の価値を知る体験を積み重ねてきた私たちは、「自分はこれでよし！」とは自分ではなかなか思えないのです。

何をどの順番で学ぶのかもすべて指示され、求められる基準を満たしていないと落ちこぼれと言われます。「自分で考えて自分で成し遂げた！」と実感する体験があまりに少なく、「教えてもらわないとできない」、「やったことがないからできない」と思っています。

オランダの子どもは、自分で決めて、考えて、実践し、その結果を自分で振り返り、また、次の実践に活かします。いわゆるＰＤＣＡサイクル（計画、実践、点検、改善）を子どもの頃から、自分で回す習慣がついているのです。

2 「自分で考え自分で決めること」の効果

(1) テストは子どもを「評価」するものではない

オランダの学校にはテストがないと紹介されることもありますが、学校によっては、テストもあります。オランダにも、全国統一学力テストのようなテストもあります。ただ、テストは、子どもの現在の学習状況を「把握」するためのもので、子どもを「評価」するものではありません。

以前、日本の教育大生の皆さんと一緒に視察に行った小学校で、日本の学生が、「統一テストのためのテスト勉強はしますか？」といった質問をしました。これに対して、校長先生は断言されました。「テスト勉強はしません。このテストは、子どもの現在の学力を知るためのものなので、テストのための勉強には何の意味もありません」。私はその凛とした姿勢にしびれました。

ある小学校では、学ぶペースが他の子より遅いため、一緒に学びにくいという子どもが、1対1で個別指導を受けている場面も見学させてもらいました。先生は、その子に対して、まず、「今日は何からやる？」

と問いかけました。ここでも、質問からスタートするのか！　と驚きました。子ども自身が、算数の問題を解くという選択をしました。

「じゃあ、今日の目標は？」

今度は、目標を問いかけました。これも子ども自身が考えて決めるのです。問題を解き終わって、答え合わせをした後、先生はこう言いました。

「やってみてどうだった？」

どこまでも、先生は評価をしません。「よくできたね！」も「もう少しがんばろう！」もありません。それを決めるのは、あくまで、子ども自身なのです。

「評価される」という意識がないので、子どもたちは、基本的に萎縮していません。「テストで良い点をとらないと叱られる」、「叱られるから勉強する」という意識はないようです。「良い点をとって認められたい」という感覚すら感じられません。「知りたいから勉強する」、「もっとできるようになりたいからやる」そんな純粋な動機は、「評価されない」環境から生まれるのだと感じます。

(2) 大人が「答え」を持たない質問

日本の大学生たちと、ユトレヒト市にあるオランダ最大の教育大学を訪問した時のことです。この日、私たちは、大学に行く前に、市内の小学校を一校視察してきたところでした。

私たちを出迎えてくださった大学の理事長が、こう問いかけられました。

「皆さん、午前中に視察された小学校はいかがでしたか？　何か気づかれたことはありましたか？」

日本の学生の何名かが手を挙げて、自分が感じたことを発言しました。これに対して、理事長は、「そうでしたか、そんな気づきがあったのですね。私たちの学生も、今年、日本を訪問しますが、皆さんのように何か新しい気づきを得てくれるといいなと思います」とおっしゃいました。

この言葉の後に、私はどこかで、理事長が、「例えば、こんなことに気づいた人はいませんでしたか？」とか、「こういうところにも気づいてほしかったです」といった日本の学生が気づかなかった点を補足説明されるのでは？　と思っていたのですが、そういう発言は一切ありませんでした。拍子抜けするほどに、理事長側には何の落としどころもなく、自分の「答え」などまったく持たない質問でした。そのことに、私はあらためて深い感動を覚えました。「これがオランダの指導者のあり方なのだ！」と。

日本では、とかく、指導する側に意図があって、相手に気づいてほしいと思っていることを、意図的に気づかせるような質問が見受けられます。実は、私も、授業や研修の中でよくやってしまいます。それを繰り返すうちに、質問された側は、自分の考えよりも、相手の意図に沿う「答え」を探そうとするようになってしまいます。結局、本音や新たな発想を引き出せない状況を作り出します。一方で、こちらが「答え」を持たない質問を投げかけることで、相手はこちらの顔色をうかがうことなく、どんどん自由に自分で考えるようになります。

このように、オランダの学校では、折々に、先生自身に「答え」がない質問が投げかけられます。

「ここまでやってみてどう思った?」

「次はどうしたらいいと思う?」

純粋に、子どもたちの考えを引き出す質問です。どんな答えが返ってきても、先生はまず受けとめます。子どもたちも、先生が求めている正解を答えなければとは考えません。誰かの評価を得るためではなく、純粋に、自分はどう思うかを考え、表現し合います。

誰かが持っている「答え」や「やり方」を教えられてうまくできても、「教わらないとできない」という枠をはめてしまいます。大人が「答え」を持たずに、子どもの考えを問うことは非常に重要なのです。

(3)子どもの価値をはかるものさしは一つではない

「子どもとのコミュニケーションにコーチングを!」という話をさせていただくと、日本では、「成績を上げさせるには何と言えばいいですか?」、「子どもを机に向かわせるにはどうしたらいいですか?」といった質問をいただきます。「~させる」と言っている段階で、もうコーチングではないと私は思っています。子どもの自発性などまったく脇に置かれた発想です。と言いながら、この本の初版では、私もずいぶん「~させる」という言葉を使ってきたことを今さらながら反省しています。

オランダでは、子ども自身の「自分でできた!」という気持ちをとても大切にしています。大人が子どもを「できるようにさせる」のではなく、「自分でできた！」という体験が積み重ねられるように、環境を整え、一人ひとりの特性や資質を見極めながら関わっていきます。

「勉強ができる子がいい子」、「大人の言う通りにする子がいい子」

日本の子どもが幸せを感じにくいのは、往々にして、これらの限られたものさしで、自分の価値をはかられるからではないでしょうか。オランダには、子どもをはかるものさしが、それこそ、子どもの数だけあるように感じます。勉強が苦手な子どもは、何か他のもっと得意なことを伸ばして社会に貢献すればいい。無理して背伸びをして、大学に進学することが、子どもによっては必ずしも幸せとは限らない。そんな前提で接しているので、子どもたちは、各々に、自分のペースで、自分の特性を活かして成長していけるのです。誰かと比較して落ち込むこともありません。「自分は自分で良いのだ！」という自己肯定感が育まれるのです。

3　子どもにとっての本当の幸せとは

(1)学校は「自分」について学ぶ場所

日本の中等教育にあたる学校で、一年生から様々な職業体験を通して、「自立して社会生活ができる人を育てる」学校があります。ここでの視察体験もまた非常に刺激的でした。どちらかというと、小学校では勉強が苦手で、学力が低い子どもたちが進学してくる学校です。ちなみに、オランダには受験がありません。進学するためには、前の段階の学校を卒業していることが必要です。

この学校の中には、厨房やレストラン、雑貨を売るお店、自転車を修理する実習室などがあります。近所の人たちが、普通のお店のように利用しに来ます。子どもたちは、調理や接客をする中で、仕事のおもしろさや人に喜ばれる感動などを体験していきます。自分はこの仕事を通して、人の役に立つことができると感じられれば、そのために必要な勉強はどんどん意欲的にしていきます。

校長先生が、「この学校は『自分』について学ぶ学校です」とおっしゃいました。「自分にはどんな強み、価値があるのか？　自分は何をやっていると楽しいのか？　自分は社会にどんな貢献ができるのか？　を4年間かけて見つけていきます。そして、必要な技術を身につけて社会に出ていくのです」。「これを勉強して、将来何になるのだろう？」と思うことを、ただ「あなたのためだから」と言われてやらされているだけでは、決してやる気は起きません。幸せなど感じられません。日本では、受験がある以上、学力をあげることは避けて通れませんが、学力をあげることが自分のどんな幸せにつながっているのか、自分にはどんな価値があるのかをもっと考え、実感できる機会があると、勉強への意欲も変わってくるのだろうと思います。

(2) 自分がやりたいことを自分で見つける

以前、知人のお子さんで、大学をやめようかどうか迷っているので相談にのってほしいと言われ、1対1で話を聴かせてもらったことがあります。物心ついた頃には、「夢はお医者さんになること」と親から刷り込まれていたと言います。医学部に入るための勉強だけをして、晴れて、入学しましたが、医学を学ぶようになって、本当に医者になりたかったのか、疑問を持つようになったそうです。他にやってみたいことが湧いてきました。しかし、医学部をやめて、他の道を選択することは許されない。でも、これ以上、医学部にいることは苦しい。という悩みでした。

「やりたいことがあるのはすばらしいことだよ。本当にやりたかったらやればいいよ。自分の人生なんだから」と私は思いますので、そのまま伝えました。

「でも、そうすると、親が援助してくれなくなる。親は、『医者になりたい』と言う自分のことが好きなんです。自分が『医者にはならない』なんて言ったら、もう生きていけないんです」

なんともせつない言葉でした。親御さんは良かれと思って、医師への道を示したのでしょう。けれど、お子さんの気持ちに心から耳を傾けたことはあったのでしょうか。

これまで存在していた職業が、これから先もいつまでもあるとはもう言い切れない時代になりました。いつ、何が起きるかわからない、これまでの常識では太刀打ちできないことが起きる時代です。答えが一つではない時代、マニュアルなどないことに立ち向かっていく力が必要な時代とも言えます。

そんな時代において、子どもたちが幸せに生きていくために必要な力は、自分が本当にやりたいことを自分で見つける力、自分で考えながら、それを実現していく力ではないでしょうか。子どもの幸せを真に願うのなら、まず、子どもがやりたいことは何なのかに耳を傾けることです。

(3) 100%信じてもらえる環境

オランダの教育現場にいて何が心地良いのか、何に感動し、何に背筋が伸びるのか、と考えたら、先生たちの「子どもの可能性を信じるあり方」に集約されます。

「何度、質問をしても答えない子どもにはどう対応しますか？」という質問に対して、オランダの先生はこう答えます。「時間をおいて繰り返し質問します。今日、答えられなくても、明日は答えられるかもしれません。あるいは、質問の仕方を変えて質問してみます」。

「答えない子どもに問題がある」という発想はありません。「自分がどう関わったら、子どもが答えられるかを考え続ける」というあり方です。「言うことを聞かせる」のではなく、「この子の幸せにとって、何が必要なのかを共に考える」という姿勢なのです。

単に、オランダの教育制度や手法を採用すればうまくいくという話ではありません。制度がどうであれ、「自分が幸せでいられる方法は自分で見つけられるよ！　大丈夫！　できるから！」と100％信じてもらえる環境があること、それが子どもの幸せにつながっていくのではないかと思います。

日本でも、まだやれることがたくさんあります。

増補版あとがき

本というのは、すごいなと思います。自分が預かり知らないところにまで届き、思いもかけない新たな出会いをつないでくれます。この本があったので、オランダとのご縁もつながりました。その詳しい経緯については、『オランダ流コーチングがブレない「自分軸」を作る』（七つ森書館）で紹介していますが、この本がなければ、「オランダ流コーチング〜」も世に出ていなかったわけで、非常に感慨深いものがあります。

私の人生を変えた最たるものは、まちがいなく「コーチング」ですが、もう一つ挙げるとすれば、それは「オランダの教育」と言ってもよいでしょう。自分自身が長年悩んでいたことの答えがすべてそこにありました。このオランダでの体験は、ぜひとも、広くお伝えしたいと思い、今回、増補版として書き足させていただきました。

「オランダの教育」に出会って、私自身がとても救われたと思っています。最初に、この本を出版した時の私は、まだ誰かの顔色をうかがいながら物事を進めていました。「こんなことを本に書いて、何と思われるだろう？」と人の評価を気にし、「もっと期待に応えられる仕事をしなければ」と日々プレッシャーと闘っていました。だからこそ、自分がさらに成長できるという利点はもちろんあります。でも、とても苦しいのです。

オランダの先生たちのあり方に触れ、オランダの子どもたちのイキイキとした姿を見た時に、何か吹っ切れるものがありました。「私は私でいい。もう、一時の他者の評価によって自分をはからない」。そう思えるようになりました。「自分が何を大切にしていて、何を目指したいのか」そこが明確であれば、他者の価値観にふりまわされて悩むこともない。そう思えた時に、心から「自分の人生、自分しだい」と思えるようになりました。

こんな気持ちで、子どもたちが毎日生きていけたら、どんなにすばらしいだろう！　他者の評価を気にすることもなく、他者と比べることもなく、自分の強みや特性を活かして、自分を生きていけたら、どんなにいいだろう！　と思います。自己肯定感なんて、低くても高くても別にどっちだってい
い。自己肯定感などという意識すらなく、自分がやりたいことに向かって、「きっとできる！」という気持ちで取り組めていたとしたら、それが、究極の自己肯定感のように思います。

この本はきっと、これから先も新たな世界を広げてくれるでしょう。そして、まだお会いしたこともないどこかの誰かの幸福に貢献できたとしたら、それは私にとって、この上なく幸せなことです。こんなに長く、この本に命を与えていただけていることに深く感謝いたします。

２０２０年３月

石川尚子

著者・監修者プロフィール

■著者：石川　尚子（いしかわ　なおこ）

島根県出身。ビジネス・コーチ　代表。国際コーチ連盟プロフェッショナル認定コーチ。（財）生涯学習開発財団認定プロフェッショナルコーチ、ＮＰＯ生涯学習キャリア・コンサルタント、ＰＨＰ認定上級ビジネスコーチ

大阪外国語大学卒業後、出版社に勤務。企業研修部門にて、企業研修、講演会の運営、企画、教材開発や講師を担当。2002年に独立後、ビジネスコーチとして、経営者、管理職、営業職などのパーソナルコーチングを行う傍ら、高校生・大学生の就職カウンセリング、就職セミナーに携わる。コーチング研修、コミュニケーション研修の講師として企業のみならず、高校、大学、教育委員会、教育センターなどの教育機関などでも講演活動を行っている。

【主な著書】

『コーチングのとびら』（Dybooks）『やってみよう！コーチング』（ほんの森出版）『教師のコミュニケーション力を高めるコーチング』（共著）（明治図書出版）『増補　言葉ひとつで子供が変わる』（小社）『オランダ流コーチングがブレない「自分軸」を作る』（七つ森書館）

URL　http://www.b-coach.jp/

■監修者：岸　英光（きし　ひでみつ）

東京生まれ。岸事務所　代表、ビジネスコーチ、心理カウンセラー。

千葉大学卒業後、企業にてマーケティング企画・営業・システム開発などを手がけると同時に、最新のコミュニケーション、各種能力開発などのトレーニングに参加。

1992年に独立後、日本人に欠けている本質的なコミュニケーション、個人や組織のパラダイム・シフトに関するコーチング、研修、講演、執筆を行う。各種団体の顧問・コーチ・講師を務め、全国主要都市で、年間400～500回、のべ10万人にコーチングを伝えている。

主な著書・監修に、『あなたの熱意はなぜ伝わらないのか』（かんき出版）、『エンパワーメント・コミュニケーション』、『コーチングセンスが身につくスキル』（あさ出版）、『最強リーダーのパーフェクト・コーチング』（ＰＨＰ研究所）など多数がある。

URL　http://www.communication.ne.jp/

■著　者：石川　尚子（いしかわ　なおこ）
■監修者：岸　英光（きし　ひでみつ）

増補　子どもを伸ばす共育コーチング
子どもの本音と行動を引き出すコミュニケーション術

2020年7月10日第1刷発行　定価2400円＋税

著　者　石川　尚子
監修者　岸　英光
発行所　柘植《つげ》書房新社
〒113-0001　東京都文京区白山1-2-10　秋田ハウス102
TEL 03（3818）9270　FAX 03（3818）9274
郵便振替00160-4-113372　http://www.tsugeshobo.com
印刷・製本　創栄図書印刷株式会社

乱丁・落丁はお取り替えいたします。　ISBN978-4-8068-0739-1
＊使用イラストはMPC『スクールイラスト４』より

【新版】買売春解体新書

近代の性規範からいかに抜け出すか

上野千鶴子×宮台真司

角田由紀子、藤井誠二、川畑智子鬼塚・チェイス・円著／SEXUAL RIGHTS PROJUCT編

定価２４００円+税

ISBN978-4-8068-0736-0 C0030 ¥2400E

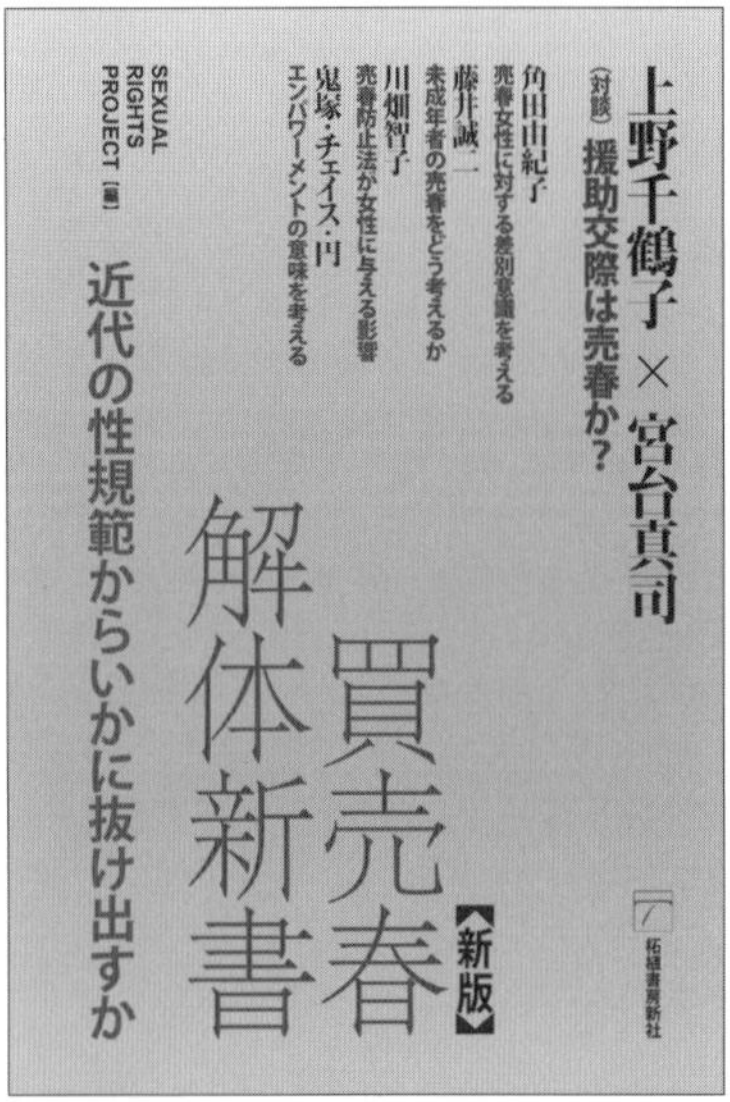

【増補】十六歳の母

原田瑠美子著

定価２４００円+税

ISBN978-4-8068-0737-7 C0037 ¥2400E

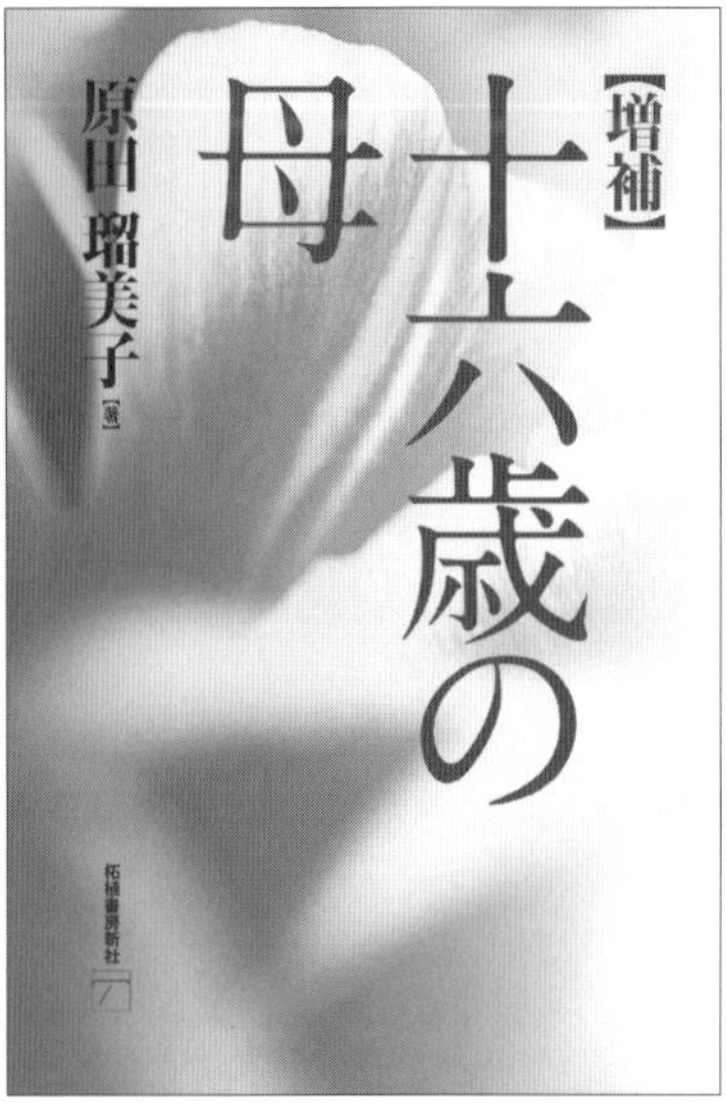